编余论道

——名图书编辑的实践感悟

康景堂 著

黄河出版传媒集团
宁夏人民出版社

图书在版编目（CIP）数据

编余论道：一名图书编辑的实践感悟 / 康景堂著
. -- 银川：宁夏人民出版社，2022.12
ISBN 978-7-227-07726-8

Ⅰ. ①编… Ⅱ. ①康… Ⅲ. ①图书 – 编辑工作 – 研究
Ⅳ. ① G232.2

中国国家版本馆 CIP 数据核字（2023）第 001306 号

编余论道：一名图书编辑的实践感悟　　　　　　　康景堂 著

责任编辑　赵　亮
责任校对　陈　浪
封面设计　康景堂
责任印制　宋　华

黄河出版传媒集团
宁夏人民出版社 出版发行

出版人　薛文斌
地　址　宁夏银川市北京东路 139 号出版大厦（750001）
网　址　http://www.yrpubm.com
网上书店　http://www.hh-book.com
电子信箱　nxrmcbs@126.com
邮购电话　0951-5052104　5052106
经　销　全国新华书店
印刷装订　宁夏浩海旗鱼文化传媒有限公司
印刷委托书号　（宁）0026213

开本　787 mm×1092 mm　1/32
印张　7.5
字数　200 千字
版次　2022 年 12 月第 1 版
印次　2022 年 12 月第 1 次印刷
书号　ISBN 978-7-227-07726-8
定价　46.00 元

版权所有　侵权必究

目 录

第一章 编辑的素养与时代使命

第一节 编辑述略 ………………………………… 002
　一、编辑溯源 ………………………………… 002
　二、中国古代"编辑"的优良传统 …………… 007
第二节 现代编辑的地位和作用 ………………… 016
　一、编辑是知识文化的积累者和传播者 ……… 016
　二、编辑是社会主义精神文明的建设者和把关者
　　 ……………………………………………… 018
　三、编辑是社会生产发展的积极推动者 ……… 020
第三节 现代编辑职业素养 ……………………… 023
　一、做好编辑工作的若干基础条件 …………… 023
　二、编辑应有的作风与道德 …………………… 027

第二章 图书编辑业务

第一节 选题策划是编辑的一项基本功 …………… 034
　一、我国出版单位与国外出版单位选题策划差异
　　………………………………………………… 034
　二、选题策划…………………………………… 037
　三、选题优化及撰写选题报告………………… 040
　四、有关重大选题备案制度…………………… 043
　五、重大选题申报程序及提交材料要求……… 045
第二节 图书的审读与加工、整理……………… 049
　一、我国出版管理机构的审稿制度…………… 049
　二、先期审读和读者审读……………………… 051
　三、图书加工过程中的三审工作……………… 052
　四、审读的具体操作环节需要注意的问题
　　………………………………………………… 055
　五、出版者谈审读经验………………………… 057
　六、对书稿的"三看"原则…………………… 060
　七、审读原稿需要注意的方面………………… 062
　八、书稿的加工、整理………………………… 063
　九、编辑工作应持有的态度…………………… 069

目 录

第三节　编辑校对工作…………………………… 072
　一、校对的职责及校对工序………………… 072
　二、校对的基本方法………………………… 074
　三、编辑与校对的关系……………………… 075
　四、校对人员如何提高工作能力…………… 077
　五、校对人员对校样的要求………………… 079

第四节　书籍装帧设计…………………………… 082
　一、关于书籍装帧设计……………………… 083
　二、书籍装帧的内容………………………… 085
　三、书籍装帧的原则和要求………………… 088
　四、加强美术编辑与文字编辑的合作……… 090

第五节　编辑应用文写作………………………… 093
　一、简单介绍几种常用编辑应用文………… 095
　二、编辑应用文写作不同于其他类文章写作
　　　………………………………………… 108

第六节　编辑与读者关系及图书宣传…………… 109
　一、编辑与图书宣传………………………… 110
　二、图书宣传的主要形式…………………… 115
　三、关于图书宣传的写作要求……………… 117

第八节　编辑业务的管理………………………… 120
　一、运用计划管理进行宏观控制…………… 122

- 03 -

二、掌握书稿工作进度，做好具体安排……… 125

三、通过版权管理，处理好与著译者的关系
……………………………………………… 127

四、信息的收集、交流和利用…………… 133

五、做好书稿档案、样书收集、整理和保管工作
……………………………………………… 134

第三章　图书的市场营销

第一节　发行人员的职业道德………………… 141

第二节　我国图书业发展历史………………… 144

 一、古代图书贸易………………………… 144

 二、现代图书市场及阅读方式…………… 152

第三节　图书发行市场理论…………………… 156

 一、图书市场类型………………………… 156

 二、图书市场需求的特征………………… 157

 三、图书市场需求的影响因素…………… 159

第四节　图书市场业务实务…………………… 164

 一、发行员的基础工作…………………… 165

 二、做好市场调研工作…………………… 167

 三、图书销售的规划……………………… 170

四、图书销售策略……………………………174
　　五、价格销售策略……………………………180
第五节　图书发行渠道和发行方法……………183
　　一、图书渠道选择……………………………183
　　二、网络营销及其特点………………………186
　　三、图书销售渠道的经营……………………190
　　四、图书销售的方法…………………………191
第六节　图书库房布置及方案管理……………194
　　一、库房布置的原则…………………………194
　　二、库房布置的方法…………………………195
　　三、库房布置的目标…………………………197

参考文献……………………………………………198
附录一………………………………………………200
　　一、常见人名错别字（括号内为错别字）……200
　　二、常见地名错别字（括号内为错别字）……201
　　三、常见错别字（括号内为错别字）…………202
附录二………………………………………………216
　　校对符号及其用法……………………………216
后　记………………………………………………224

第一章 编辑的素养与时代使命

第一节　编辑述略

一、编辑溯源

"编辑"一词，有多重含义，既可以指一种专业性的活动，也可指从事这种活动的职业、岗位或人员。在英语中用"editor""edit"来表示编辑及编辑工作人员。其中"editor"指从事编辑业务的人；而"edit"则指编辑们的职业行为和职业范围。我们这里所谈的编辑，主要指那些专门以传播别人的思维成果作为自己的工作对象的人所从事的一种创造性活动。

编辑活动是编辑人员对图书、报纸、期刊、网络等媒介作品进行的选择、加工优化而形成的能满足消费者需求的精神文化的一种生产过程。具有一定目的性的创造活动。

可以说从文字产生时，编辑活动就开始了。古埃及的象形文字、两河流域苏美尔人的楔形文字、古印度的印章文字、美洲玛雅人的玛雅文字、中国的汉字等这些曾经记录和传承人类文明的古老文字的产生，是编辑出版的基础。汉字是唯一延续并使用至今的文字，据考证，汉字发展为较成熟的文字是甲骨文，距今已3000年的历史了。我国的汉字，经过几千年的演变发展，形成了系统、简洁、实用、统一、规范的特点，这也是编辑出版书籍的最基本条件。

编辑的发展，是经过文字载体的发展而成熟的，我国的文字载体经过了甲骨、青铜器、石头、简牍、丝绸，一直到纸的发明。在纸张发明之前，我国的图书编辑工作已经相当成熟了。孔子"韦编三绝"展现了周朝至魏晋时期简牍书籍的工艺发达程度。最早出现的图书商业是手抄出版业，公元前5世纪在雅典开始萌芽，以书肆出现为标志。我国在西汉末年产生了手抄出版业，选择流传已久的古典作品抄写出售。汉武帝元朔五年（前124年）设置了专门主持抄书的"写书之官"。有很多名人都抄过书，如河间献王刘德、史学家司马迁、军事学家班超等。至魏晋南北朝时，抄书业进一步发展，如《晋书·左思传》记载左思《三都赋》一问世，便"豪贵之家，竞相传写，洛阳为之纸贵"。隋唐时期是手抄和印刷出版业并存的时期，出现了专门以抄书售书为业的人。官方对抄书十分重视，各个部门都备有大量的书手（抄书者），《隋书·百官志上》记载："（中书省）有中书舍人五人，领主事十人，书吏二百人，书吏不足，并取助书。"这些书手除了抄写公文，也是抄写图书的重要力量。唐代官方组织过多次大规模的抄书活动，据《旧唐书·经籍志》记载，仅开元年间，"凡四部库书，两京各一本，共一十二万五千九百六十卷"。唐代到官府充当书手，必须符合两个条件：一是出身官宦，二是书法优秀。到了宋代出版业已相当发达，开始出现一些博学不仕、终身以编刻自己和他人作品为业的人，如南宋诗人陈起（13世纪）从事编辑出版工作近四十年，同时代的许多诗人的作品经过他编辑出版得以传世。古代的出版机构有中央和地方之别，地方上大都以家庭为基础兴办出版，因此，出版业具有民间性质。印刷术发明后，政府才设出版机构，如五代的国子监和清朝的武英殿，所编之书部分供出售。但书籍内容由皇帝或

第一章　编辑的素养与时代使命

高级官吏决定，编辑工作由临时指定的官员承担。

编辑工作始于何时，学术界没有统一意见，最初编辑工作称为"校勘"，这个观点是大家的共识。北宋时期的孔维被任命为都勘官，当时奉命校订《五经疏义》。都勘官也就是总校勘、总编辑。

在西方，报刊业的专职编辑于17世纪就已经出现并职业化。书籍编辑职业的形成要晚近两个世纪。我国近代意义上的新闻出版机构始于19世纪，由西方传教士和来华商人创办的。而编辑业则是在鸦片战争以后和五四运动以前逐渐形成的一种社会职业。甲午战争失败后，清政府允许民间创办企业，出版机构也随之兴起。在维新运动发展期间，我国近代民营图书出版业进入了新的发展时期，康有为在《上海强学会章程》中，明确地将译印图书、刊布报纸、开大书藏（即图书馆）、开博物馆列为"最要者四事"。康有为的《新学伪经考》《孔子改制考》，梁启超的《西学书目表》，冯桂芬的《校邠庐抗议》，以及维新派出版的《公车上书记》等著作当时大量出版，同时还有《中外纪闻》《时务报》《强学报》等报刊大量刊印发行。商务印书馆也是这一时期的产物。商务印书馆设立专职编辑机构，广延人才，以张元济（1867—

1959年）为代表的一大批学有专长和高水平的编辑人员保证了该馆图书的质量和适销对路，使一个小印刷所发展成为我国近代最大的新式出版社，并对我国近代文化、教育事业作出了重要贡献。尤其是在教科书的出版方面，他们"择其较善者，又经数人之检阅及订正，审为无遗憾焉而后写定。""以是出版后，大受教育界之欢迎，而同业之有事于教科书者，度不能以粗之作与之竞，则相率而效之。于是书肆之风气为之一变。"商务印书馆成功的经验对我国后来的出版业产生了深远影响。其时，中华书局、世界书局、大东书局、开明书店等具有一定影响力的出版机构雨后春笋般纷纷设立，使专业编辑行业得到了飞速发展。

据统计，我国从先秦到清末共出书约181753部（种），其中先秦两汉时期约2133部（种），魏晋南北朝时期约10654部（种），隋唐五代约10806部（种），宋代约11517部（种），辽夏金元约5970部（种），明代约14024部（种），清代约126649部（种）。

综上所述，古代的编辑是一个非专职的行业，出版者兼编辑，或是编、著、校合一，编辑活动不具有连续性。尽管有国家图书馆与国家出版机构相结合的现象，如我国唐朝的国家图书馆——"集贤院"就负有"刊辑古今之经籍"的重任，设有管书、校书、写书的人员，从事脩撰、校勘典籍之职，但当时编辑并不是一项具有独立形态的事业，这是因为古代书籍的出版一般不定期、不限量，书编成后，编辑可去可留，而且编辑本身由政府官员、图书馆员、作者兼任。

随着时代的进步，文化教育的发展，识字人数的增多，出版规模也越来越大，图书市场的形成使图书行业成为了一个独立的产业，这就要求必须有具有独立的职业编辑才能适应这种发展的需要。而编辑作为一种职业，其标志是：有明确的职责分工；工作具有连续性；有一定的选题发稿权；可选择作为谋生的手段。编辑职业产生后，就形成了不同于作家、教师、科学工作者的职业特点，这一特点可以概括为：是对具有一定学科属性的文化产品的开发、选择和传播。

二、中国古代"编辑"的优良传统

我国编辑工作源远流长，硕果累累，在悠久的历史演进中，形成了自己的风格和传统，值得人们发掘。

（一）高度的历史使命感和社会责任感是历代编辑者的传统品格

从先秦起，整理文献就成为编辑们的一项崇高的历史使命。孔子是有记载以来古代第一位知名的编辑家，他从维护周代礼法的政治立场出发，以整理文化遗产为其志。"文献"一词最早就出自孔子言论。"述而不作，信而好古"是他从事编辑工作的宗旨。清代顾炎武引了孔子"吾犹及史之阙文也"这句话之后说："史之阙文，圣人不敢益也"，接着举了几个例子，说明以孔子之学力，不是不能补缺，而是尊重事实，宁可从缺，不敢随意增补（《日知录》卷四"春秋阙疑之书"）。孔子本着严肃负责的态度，编定六经，做了大量的编辑工作。由于孔子这样的学者的重视，我国编辑工作的起点很高，对后代产生了深远的影响。秦汉以后，许多学者都把编辑工作看作是弘扬文化的大事。东汉郑玄就是一例。《后汉书郑玄传》载有郑玄诫子益恩书，自述生平阅历和志愿，说他从年轻时就立志向学，后来虽有出仕机会，而他"但念述先圣之元意，思整百家之不齐"，这句话概括了整理文化遗产的总方针，提出了阐述典籍内容、整齐文字形式的总原则，反映了编辑工作者的崇高思想。这个传统到近现代以后仍然得到发扬。以鲁迅为首的许多学者、作家，都怀着传播文化的崇高思想和不计个人得失的献身精神从事编辑工作。

（二）保持编辑工作的严肃性

高度的社会责任感产生了对待编辑工作的严肃态度，历代重要典籍几乎都经过多次整理，贯注几代人的心血。最早的记言之作《尚书》的成书过程即是一例。这部典籍从记录王者言论和国家政令起，经过不断整理，到春秋末由孔子编定，前后已有一千多年。但这只是它的第一阶段。秦始皇焚书之后，汉代又开始新的编辑工作，其间有口授，有笔传，有"今文"，有"古文"，有真本，有伪本，经历了汉、晋、隋、唐诸朝代，最后剩下伪《古文尚书》，真伪糅在一起，这是第二阶段。宋代以后，逐步揭开《尚书》的辨伪工作。经过乾嘉学派的考证，直到近代，才基本分清了真伪，还它以本来面目，充分体现了编辑工作的持续性和严肃性。汉以后的著作经过多人次编辑整理的例子更是不胜枚举。西汉刘向的《列女传》，是我国、也是世界上最早的一部妇女专史，据刘向自述，此书共七篇。到东汉，班固《汉书·刘向传》则说"凡八篇"，显然已经过编辑整理。班昭为此书作注，并续写了二十人的传，把原书分为十四篇，所以《隋书·经籍志》等书都著录为十五卷。到宋嘉祐年间，苏颂又重加整理，恢复为八篇。这样，这本书的编辑时间，从汉到宋，长达一千多年。唐代的史书编辑大家刘知己强调修史要实录直书，采撰要考核征实。他反对将小说等不实内容写入史书，采用多种方法考证材料，验之以事实，核之以道理，校之以信史，注重考察文献的成书背景、撰写宗旨，他在撰写《史通》一书的编辑实践时形成的良好的编辑作风和科学的编辑方法，对后世的编辑工作产生了深刻的影响，树立了良好的典范，尤其影响了同时期的著名政治家、史学家杜佑。总之，对前人著作不断地进行整理，力求完善，这已成为一个文化传统。至于书籍散佚以后，以恢复原来面目为目标的辑佚、辨伪等等，实质上是一种编辑工作，更是编辑工作持续性的突出证明。雕版印刷发明以后，书籍成批生产，大大促进了书籍数量、品种的增加和流通范围的扩大，但同时，由于印制便利，书籍容易翻刻，刻印越多，讹误也越多，或转相抄袭，增加了编辑工作的难度。特别是宋元以后，书坊业兴盛，书坊主人为了牟利，往往乱编滥刻，不顾质量，引起许多有识之士的关注和批评。另外，官纂机构的编辑人员往往敷衍塞责，粗制滥造，草率编书。特别是在正史和地方志编纂中，不乏这方面的例证。对于这种不顾书籍质量的恶劣倾向，历代学者坚决反对，维护了编辑工作的严肃性。例如，清初学者顾炎武对书籍编纂的要求十分严格，一方面称赞宋元书院刻书，"多由山长主之，通儒订之"，由行家主持编辑工作，校订精细，质量可靠；另一方面，他严厉指斥"以他人之书而窃为己有"的卑劣行径，在《日知录》中有"窃书""勘书""改书"等题，多次批评学术界"盗前人之书而为自作"和"好改窜古书"等不良风气。他还痛斥明代官家编书之滥，并以永乐年间官修《四书五经大全》为例，指出"当日儒臣奉旨修《四书五经大全》，颁餐钱，给笔礼，书成之月，赐金千秩，所费于国家者，不知凡几，将谓此书既成，可以彰一代教学之功，启百世儒林之绪，而仅取已成之书，抄誊一过，上欺朝廷，下诳士子……上下相蒙，以餐禄利，而莫之问也！"（以上均见《日知录》卷十八）。

（三）重视篇章结构，讲究编辑方法的多样性和创造性

我国文化悠久，书籍浩如烟海，编辑方法也多种多样。人们最早注意到文章体裁，创造了按体裁编书的方法,这种方法在先秦时已臻成熟。《尚书》按国度分"虞书""夏书""商书""周书"等卷,而在各卷之下有"谟""誓""诰"等体裁之分。

《春秋》是首创按年代编排的编年体裁。《论语》记录孔子言论和孔门师兄弟对话,是篇章集合体,各章之间没有什么关联,前后还有重复,这种编法适合语录体裁。《诗经》分风、雅、颂,虽跟乐调有关,但也含有文体差异的因素。《史记》是第一部纪传体书籍。这些编法都为后代所继承。汉魏以后,按体裁编排成为通例,这种编排方法和作者的写作方法互相促进。南朝梁代萧统编《文选》,除诗歌和辞赋外,把文章分为三十六卷。和他约同时期的刘勰著《文心雕龙》,也把文体分为三十五类,尽管有些文体后来消逝了,但文章体裁由少到多,分类编辑也由粗变细,仍然是一种历史趋势。这种现象导致文体论的产生,反映了编辑方法的发展。

历代编辑方法的一个显著特点是围绕重要典籍持续地进行编辑、再编辑工作,出现了增编、续编和翻编、改编等方法。

(四)重视编辑人才

我国编辑出版工作有丰富的历史遗产,这跟历代编辑人员的优良素质有直接关系。春秋末年的编辑家孔子，通六经传六艺，阅历丰富，学识渊博，是公认的大学者。先秦诸子著作大多是由各个学派的代表人物编定的。秦汉以后，许多作者往往把自己的著作托付给知音。司马迁说他的书要"藏之名山，传之其人"，这个"人"就是能够赏识作品价值，替作者做编辑工作并传之久远的知音。一旦找到这种人，就赋予处理稿件的全权，否则宁愿"藏之名山"，不轻易示人。这说明古代作者对编辑人才的重视。另一方面，也确有热心担任义务编辑的"其人"在，他们以伯乐自期，以知音自诩，以整理、传播他人著作为己任。他们乐于为人作嫁衣，甚至把毕生精力放在编辑和传播他人的著作上。在这一文化传统的熏陶下，产生了一批又一批优秀的编辑人才，其中不少是渊博的学者。从汉代的经学家到清代的考据家，从近代的维新派到现代的作家学者，代有其人。南宋学者郑樵抱着"总天下之学术""集天下之书为一书"的宏愿（这种意愿与其说是写作意识，不如说是编辑意识）编《通志》二百卷，其中列传占一百二十四卷，大抵抄录旧文，略加删改，基本上是一种编辑工作。全书带有整理文献性质，在图书分类、编纂类型和校雠辨伪等方面都有创见。清代《四库全书》的编纂，更是一个巨大的编辑工程，参加的人很多，不乏一时之选。总其事的纪昀就是一个编辑大家，由他撰定的《四库全书总目提要》，"考证典籍传注的异同得失，辨析学术文化的源流演变，义理谨严，持论平允。"显示了一代学人的学术造诣，也反映了当时的编辑水平。考据学大师戴震也是四库馆的人员，他"在馆四年，校定书十五种，皆钩纂精密，至于目昏中痿，积劳致疾而殁"（《越缦堂读书记》），是一个为编辑工作而献身的名学者。

古代刻书业除官刻外，家刻和坊刻也很重视编辑人才。唐宋以后，许多藏书家从藏书到刻书，从自己赏鉴到延聘名儒编校，有的自己动手，成为编辑名家。清嘉道时期的鲍廷博、卢文弨、黄丕烈和顾广圻等人，都是以学者身份从事刻书并亲自编校，或受雇于刻书家，在编辑校勘方面取得了成就的。书坊刻书，重在牟利，不免粗制滥造，往往为人们所诟病。但书坊业的有识之士也很注意延聘通儒学者从事编校工作，以保证图书质量。有些书坊主人本身就是饱学之士，重视编校质量。南宋书坊业最著名的有两家，一是临安陈氏，二是建安余氏。"临安陈道人书籍"的主人陈起，既是书坊主，又是诗人。他编辑出版了一部当代诗人的作品选集叫《江湖集》，作品收入了诗人刘克庄、戴复古、刘过、方回等人的诗作，因此被称为"江湖派"，可见其影响之大。建安余氏勤有堂、万卷堂、广勤堂等也都重视编辑人才。如余氏广勤堂聘请名儒徐世载师弟校辑《诗传义疏》，前后费时四十多年才完成，就是一例。

进入近现代以来，这一优良传统继续得到发扬，南社许多文人（如王均卿）都从事编辑工作。现代学者、作家如鲁迅、茅盾、郑振铎、叶圣陶、邹韬奋等都从事编辑工作，这已是尽人皆知的了。

第二节　现代编辑的地位和作用

编辑是出版工作的重要组成部分，是文化科学知识的积累者和传播者；是以生产精神文化内容为目的的生产活动。中国是文明古国，编辑对中国历史文化的积累、传播、延续和发扬，起了很重要的作用。

一、编辑是知识文化的积累者和传播者

考察中国文化，能看到大量的持续不断的历史文化典籍的存在。这些书籍是中国文化不灭的载体，它不因王朝更迭、战乱纷飞而全然中断，是维系和促进中国文明连续

性与稳定性的一个重要因素，而这种持续性是依靠编辑来维系的。编出来的书，一旦广为流传，就没有时间和空间的限制。历代先民在思想、文化、科学等方面对人类社会的贡献，无不通过图书或主要依靠图书记录下来，流传下来。最古的文献、书籍所以能够保存下来，就是靠最早的编辑工作。《周易》等一些古籍就是侍奉周王的太史、太祝、太卜、太士这些文化和宗教官吏，把朝廷的诰辞训令、历代史官收藏的重要文件，参照周代的礼乐制度，陆续汇集、厘定、增补，或以档案查存，或当法定制度加以执行。在今天看来，这些都是通过编辑工作而保存流传了下来，又经过许多人的增订编纂，其中有些典籍就成了《周易》《尚书》等儒家经典的原始依据，如果没有早期的编辑工作，也就没有《周易》流传下来。

春秋诸子百家的作品，并非都是本人的著作，许多是门人、弟子、亲朋、仰慕者、研究者记录、收集、汇合、编订起来的听讲笔记，或是将诸子论学的言论积累而成的。孔子自己编选《诗经》，他的弟子记录他的主张观点，又成《论语》，就是最好的证明。吕不韦要三千门客各著所闻，编成体例严谨、内容丰富的《吕氏春秋》，更是依靠编辑工作才得以保存、积累和流传下来。唐代名家韩愈、柳宗元的作品，到北宋初年便已泯不可闻。穆修用二十余年收集整理韩、柳文集，并且出资刻版，亲自发行，后人因而可睹韩、柳之全貌，可知"文起八代之衰，道济天下之溺"其事，才有纷纷接踵而来之人。可见，编辑在延续和积累文化、普及和发展文化过程中，其作用是作者和其他人无法代替的，由此可知编辑独特的社会价值。

二、编辑是社会主义精神文明的建设者和把关者

（一）编辑是文化建设中正确导向的宣传者

新时代的编辑具有新时代的使命，首先表现在编辑工作具有鲜明的政治立场。它既要反映国内政治、经济、科技、文化、社会等发展的状况和要求，更要反映国家意志和主流价值观，具有鲜明的导向性，能够起到教育人民、引导社会的作用。新时代的编辑，要自觉增强"四个意识"、坚定"四个自信"、做到"两个维护"，坚持党的出版方针，把握为人民服务、为社会主义服务的方向，坚持中国共产党的基本路线，遵守国家法律、法规，具有政治敏锐性和政治鉴别力，

把好政治关。并在具体的编辑业务中认真贯彻执行。

出版作为意识形态的重要组成部分，编辑工作必须时刻坚持正确的政治方向，在政治立场、政治方向、政治原则、政治道路上同党中央保持高度一致，提高政治站位、政治敏锐性和政治鉴别力。

（二）编辑是优秀文化的选择者和质量的保证者

当下的图书市场，每年有近四十万种新书被生产，竞争之大前所未有，选题策划的作用越来越明显。但在实际编辑工作中，往往有大量的没有精心策划的选题进入我们的视野。编辑工作的一项重要功能是对这些选题加以评判，把真正有价值、有市场的优秀作品挑选出来，进行出版。编辑选择优秀作品的功能不仅仅体现在已有的成型作品，更重要的是能够发现很多作品具有成为优秀作品的潜质，并通过与作者的互动和合作提升作品的价值，同时发现具有潜力的作者和选择能够创作优秀作品的作者。

一个好的选题创意如果找不到合适的作者去创作，就达不到创意的目的，或者流于纸上谈兵。因此，选择合适的作者就成为编辑工作的一个重要功能。一个适应社会需要和文化发展潮流的好选题，如果选择了合适的作者，就能取得意想不到的效果。

编辑通过出版社自身的规模、品牌、特色、渠道等特点，找出自己能够满足社会需求的产品定位；通过分析出版社自身的优势、劣势，分析市场需求以及如何能够满足这种需求，从而找到获得发展的选题机遇。这就是编辑对产品的市场需求的规模和趋势作出客观分析和判断的能力。科学的判断力，一方面可以避免由于对市场需求的误判导致市场供求脱节，另一方面可以达到社会效益与经济效益俱佳的效果。

出版物质量是出版业的生命线。衡量一个出版单位的成绩与价值，不在于出了多少品种的图书，创造了多大的经济效益，而在于它出版了多少经得起实践检验和时间考验，能够传之久远、影响深广的出版物。每种出版物的主题取向、学术水准和思想水平，以至语言文字质量，除受作者原始创作水平的制约外，主要取决于编辑工作的质量。正是从这种意义上讲，编辑工作是出版物质量的主要保证，也是出版社树立品牌的前提条件。

三、编辑是社会生产发展的积极推动者

编辑不仅是社会主义精神文明的建设者，也是社

会主义物质文明的建设者和推动者。

第一，书籍是人类进步的阶梯。作为兼具精神与物质属性的书籍，对人类的贡献是无法衡量的。编辑工作是一种社会生产力，这种生产力既是精神生产力，又是物质生产力。马克思在谈到生产时，认为精神生产和物质生产是并存的。他说："支配着物质生产资料的阶级同时也支配着精神生产资料；统治着物质生产的阶级也统治精神生产。"可见马克思认为精神生产和物质生产是同样重要的。爱因斯坦也说："提出一个问题比解决一个问题更重要……提出新的问题，都需要有创造性的想象力，而且标志着科学的真正进步。"可见，精神生产者本身就是一种社会生产力，他们同样推动着社会生产向前发展。

第二，编辑工作作为上层建筑，它可以促进或者延缓，甚至阻碍社会生产的发展。编辑工作是一种社会文化活动，它与经济发展应该是同步的，相适应的。它既是经济基础的反映，又可以反作用于经济基础，影响社会生产发展。编辑水平高一些，编辑工作做得好一些，能够出版许多好书。图书的基本理论知识应用于科学地指导实践工作，又能极大地提升生产率。目前，我国文化产业总产值达到4.5万亿元，占全国总 GDP 的 4.43%。我国的文化产业相比发达国家占 GDP 比的 40% 还有很大差距，也表明我国文化产业的发展空间很大。

第三，编辑是科技发展的积极推动者。科技是第一生产力，在知识经济的社会里，科技知识对社会进步、生产发展所起的作用越来越大。生产者通过书籍不断获得知识，使生产水平和生产技能不断提升，最终达到社会生产率的共同提升。相反，若编辑工作做得不好，就会起反作用。创立遗传分离定律和独立分配定律的奥地利神甫孟德尔的论文，没有获得审稿人的青睐，直到 35 年后，才被一位荷兰生物学家发现，致使现代遗传学的研究被推迟了三十多年，对人类的损失不可估量。从这个意义上讲，编辑工作对人类社会的进步，具有举足轻重的作用。

第三节　现代编辑职业素养

一、做好编辑工作的若干基础条件

（一）知识与情报获取及应用新技术能力

1. 编辑要有广博的知识。知识只有贫乏程度差别，不存在谁的知识已经够用的问题。应将此作为编辑工作者的座右铭。编辑应当在某个领域有些专门的研究，这是必要的；编辑在学问知识方面，能够做到一专多能、略专多能、不专而全面都是好的；最好是做个知识全面且对一领域有较深研究的编辑。

2.编辑要有信息获取能力。编辑必须做到对政治、学术等信息非常了解或大体了解。所谓"信息",泛指中外的政治、经济、学术、出版和各方面专家、学者们的研究情况。首先应当了解中国专家学者们的研究情况和著作情况,同时知道专家、学者所涉及的学科过去达到的水平,不然,就有可能把过时的水平当成新纪录来对待。

3.编辑要能熟练应用现代科技的新技术。现代科技发展日新月异,好多先进的科技都被应用到出版中来,既提高了编辑质量,又提高了生产效率。人工智能、大数据、AR、VR等新技术的兴起和运用所带来的变化已渗透于编辑工作的各个环节,这些技术势必对编辑业务能力的提升带来质的飞跃,同时也给编辑带来了新的挑战。编辑对新技术的熟练掌握不仅有利于编辑能力的提升,更主要的是可以选择恰当的媒介表现方式,真正发挥编辑构建媒介的功能,使传播的广度、宽度、精度达到最佳效果。

(二)语法、修辞、逻辑及工具书应用能力

编辑只有具有多方面的技能,才能在编辑工作中应付自如,不然,拿着一部大稿子,无从下手。

1.编辑要弄通中文语法。语言大师王力指出:提高语法水平，必须读点语法书，更有效的方法是多读一些语言表达水平高的小说，例如《红楼梦》《水浒传》《儒林外史》《镜花缘》等。现代人的作品要多读鲁迅、茅盾、叶圣陶、朱自清、老舍、赵树理等人的作品，因为这些人的语言组织能力都非常好，多读有益提高编辑语言组织能力。接近文言的小说如《三国演义》应该多看，因为它叙事简洁，对编辑简洁用语很有帮助。如果不懂文言文，要学一些文言文，如《孟子》《史记》等名著。其次，韩愈、柳宗元等人的文章也要读。要多看古书，对于文章的简洁和气势有帮助。要多认识字，工作上就会减少许多困难。现在不认识普通常用字的笑话几乎天天都有。

我们的图书编辑应该尽可能避免出现一些错别字，多查字典。当然，认错字、读错字几乎是人人难免的，但要求"吃一堑，长一智"，要尽可能地减少或避免。

多读古今名著，读原文，对于学习修辞很有帮助。现在修辞上的笑话，在广告上最多，编辑应多看《咬文嚼字》，对自己如何注意修辞很有帮助。

2. 编辑要多注意逻辑关系。平常多注意语言和内容固有的正确的相互关系，即使不特意去学逻辑学也可以不发生逻辑性的错误。

　　自古至今的工具书很多，编辑工作需要很广博的知识，但一个人不会有那么多学问，这就要求懂得使用多种工具书。对一名新编辑，可先用几个星期时间去学会使用各种工具书。工具书不仅限于字典、词典，范围很大。有些研究性的资料、地方史志类书籍、地图等，皆可称为工具书。

　　（三）组织、协调、表达、沟通能力

　　现代编辑活动是个复杂的系统工程，由许多不同的工种组成，需要不同环节的工作人员配合完成。编辑作为编辑活动过程中的组织者，从策划选题、选择作者、修改稿件，到装帧设计、出版制作、宣传营销，各环节都必须参与。要使这些环节得到较好的衔接，避免不必要的摩擦，编辑必须具有很强的组织和协调能力，能处理好各方面的关系，并充分调动各种资源，以确保编辑业务的顺利进行。

　　在编辑过程中，编辑联系最密切的莫过于作者了，作者与读者是出版的上游和下游环节，沟通得好不好，决定于编辑的表达与沟通能力。作者创作稿件，是为读者服务；编辑进行编辑活动，也是为满足读者需求，双方的服务目标是相同的。为了维护编辑与作者之间的同志式的互助合作关系，编辑一定要具有较好的表达能力和沟通能力，在充分尊重作者的人格、学术观点和创作风格的前提下，从出版的角度、社会舆论及法律角度等方面对作品提出客观的评价和合理的修改意见，协助作者更好地完善作品。当与作者产生分歧时，既要坚持原则，又要注意方法，与作者及时交换意见，通过平等友好协商讨论，使问题得到妥善解决。面对读者时，编辑也要尽其所能答复读者所提出的问题，对读者提出的意见要虚心接受，及时向读者提供出版计划，听取读者意见，以顾客就是上帝的理念服务读者。综上所述，良好的组织、协调、表达、沟通能力，是编辑应具备的基本条件，也是编辑必备的职业素养。

二、编辑应有的作风与道德

（一）编辑的作风与道德

编辑要具备认真、仔细、严格、负责的工作作风。我们对任何稿件的内容、材料、文字、语法、标点等一切方面，都需全部予以充分注意，丝毫不可放松。如果大而化之，对来稿照发不误是不能做编辑工作的。

编辑对稿件内容、材料的充分注意，不是说同意的，或者知道，而是注意它们是否言之成理，材料是否有比较可靠的来源或根据。粗枝大叶，马马虎虎，是编辑工作最大的敌人。

作者和编辑对材料要认真加工，一眼就可看出的绝对错误，不可经多人之手，还能印将出来，杜绝这种错误出现在报刊书籍上。在稿件编辑过程中，编辑必须动脑筋，看原稿上说的是些什么。当然，从观点到材料是作者自己负责的，有的作者十分马虎，急于写文出书，如果编辑水平不够，工作不严谨，就会使图书报刊中出现不应该出现的常识错误。这是值得编辑十分重视的。

编辑必须具备的良好工作作风，一方面是对稿件上的一切问题都必须认真细致，严格负责；另一方面则要求保持科学、艺术和政治上的严肃负责态度，对那些夸夸其谈的、生吞活剥的、故作高深的、拾人牙慧的错误观点，要十分注意。现在编辑中，道德问题值得重视，编辑具有稿件的选拔权，也就是具有间接向社会推荐优秀作者的大权。就编辑的本质而言，我以为第一是书稿的工艺师，把一部够出版条件的书稿加工设计整理成一部可以印刷出来公诸社会的图书；

第二，是灵魂的工程师，要使得所编辑的书稿有利于人们智慧和道德水平的提高。灵魂工程师不只是作家的美称，而应当是一切教师、科学工作者、文化工作者和新闻出版工作者共同的美称和努力的目标。编辑工作者道德修养的目标，就是要有不辜负灵魂工程师这一崇高的称号和理想。

（二）编辑应当自信与谦虚

做编辑工作需要有一定的自信力。自信力指对书稿的掌握能力，对稿件要有一定的自信心和判断力，不然就很难工作。自信心来源于几个方面，一是要有一定的学识水平，并能善于查找古今中外的资料；二是要充分或比较充分地了解本学科的研究情况与出版情况；三是要能比较正确全面地掌握现在及今后党的政策。对于那种搞专横武断、保守倒退、教条僵化、旧调重弹的稿件，肯定是不能适应新时代文化建设需要的，不要轻易发稿。

编辑而言，必须提倡谦虚的态度。不强不知以为知；不强人就己；虚心听取作者的解释；虚心请教他人和多查阅资料；不要随便乱改别人的稿件。充分了解一部书稿的优点、缺点、薄弱部分和站不住脚的部分，对书稿胸有成竹，作出比较全面的判断，方可同作者达成一些非原则性的妥协。遇到非改不可的，编辑一定态度严肃，不炫耀编辑的权力，凡改之处，必须有把握，反复查实资料。要修改时，若时间许可，用铅笔改后退还作者复阅，取得作者同意。作者声明不接受任何修改的，编辑如不能接受，应退还作者，或提请作者自己修改。切忌自作主张修改后出版出来，造成既成事实，使作者有冤难申。

总体而言，要帮助作者改文，凡语法欠通，错别字，资料或事实有误，文言繁缛，违反出版管理规定的，这些都要作严肃谨慎的修改，并尽可能取得作者的同意。

（三）编辑应具有服务意识与成就自我意识

编辑工作者应确立勤勤恳恳、全心全意为人民服务，讲好中国故事、传播好中声音，展现可信、可爱、可敬的中国形象，推动中国文化走向世界的理念。

作为编辑，当努力成就自我。我国的编辑发展史上，历来都有杰出的、名垂青史的编辑家。就近代而言，有些编辑大家，不仅在编辑工作上有杰出的成就，而且在学术研究、文学创作领域也很出名。例如鲁迅、茅盾、巴金、叶圣陶、郑振铎、顾颉刚、夏衍、金仲华等。由于他们的著作享有盛名，掩盖了他们的编辑活动工作。他们都是有大半生从事编辑工作,并且成绩辉煌。在编辑工作上特别著名的,还有张元济、胡愈之、邹韬奋、夏丏尊、宋云彬、赵家璧、周振甫、王伯祥、吴泽炎等。当代的编辑,成就自我的也不可胜数。

综上所述,编辑予人做嫁衣与成就自我并不冲突。新时代的编辑,当胸怀大业,在祖国如此繁荣昌盛时期,当大展宏图,实现自我价值。

第二章 图书编辑业务

第一节 选题策划是编辑的一项基本功

一、我国出版单位与国外出版单位选题策划差异

选题策划,是编辑的开始,也是出版单位最重要的一项工作,每个编辑人员都有提出选题的责任。从选题工作上,既可以体现出版单位的方针任务,又能反映出版方向、出版规模;同时,也能反映出出版单位与作者和读者的关系。这种关系集中表现为出版单位出版的图书类型和向读者提供的读物。

在国外,选题的成功与否,在很大程度上决定出版社的兴衰成败。选题,成了一门专门学问,英

国和美国的出版社都有一些专门负责研究选题和组稿的编辑，在美国一般叫作高级编辑，在英国叫专务编辑（com- missioning editor，也有人译作组稿编辑），他们不同于案头编辑（desk editor）或加工编辑（production editor）。他们的工资、待遇都比文字加工编辑高两倍左右。他们的重要选题是由负责市场信息、销售、财务的经理人员和编辑人员（包括总编辑）共同研究，最后由出版社最高负责人（社长或执行董事）拍板。这类选题是保密的，组稿对象在未定合同前也是保密的。

在美国，名人回忆录是最热门的选题之一，也是争夺最激烈的选题对象。大都是由最有名望的资深编辑或总编辑亲自出马组稿。近半个世纪以来，下台的美国总统写回忆录成了生财之道，也是出版社竞相争取的对象。除了回忆录，其他热门书，也都是负责选题和组稿的编辑们角逐的领域。据了解，国外一些大的出版社选题计划的制订是很慎重的，因为牵涉到出版社的生存。一般来说，美国出版社选题强调新与快，作出决策的程序比英国简单一点。英国出版社制订选题的工作做得很细。英国出版社在制订选题计划、确定一本书出版与否，要进行技术上、经济上的综合分析研究。在研究之前由负责选题组稿的编辑提出详细报告，对这本书的学术价值或实用价值作出评价、估算成本、估计印数，还要提出定价意见，并对盈利或亏损数字作出估计预测，然后由总经理同编辑、编辑部主任、财务和推销人员一起研究，最后由总经理作出决定。关于一本书的学术价值或实用价值的评价，不单是负责选题的编辑一个人的意见，而是经过了三四位社外专家的审读（审读者不知道作者姓名以免影响到审读意见的客观性），由选题编辑分析整理形成一个较完整的意见提出来。选题和组稿编辑对书稿只负责从宏观的、整体的方面审定书稿的质量，文字加工由文字编辑来进行（《英国出版业状况〈上〉》［1985年第4期］）。

　　我国的出版事业，许多因素与外国出版事业是不同的。我们的选题策划，首先是主题类选题。主题出版是以特定"主题"为出版对象、出版内容和出版重点的出版活动。具体来说，就是围绕党和国家的重点工作和重大会议、重大活动、重大事件、重大节庆日等进行策划的重大出版活动，其基本作用是服务党和国家工作大局，巩固壮大主流思想舆论，动员全社会团结一心谱写实现中华民族伟大复兴中国梦的历史新篇章。2003年，新闻出版总署开始实施主题出版工程，设立出版基金，十几年来，扶持国家意志和时代精神为内容的图书，主要服务于党和国家的中心工作，占据越来越大的市场份额，成为出版市场的主流。侧重于社会效益，把社会效益放在第一位，对于图书生产成本给予补贴。

而国外出版事业的最高目的是赚钱，当然，出版社保本或亏损的书还是占大多数，他们主要靠百分之十几、二十几最多三十几的倡销图书来弥补亏损图书，而亏损图书是为了赢得名声的手段。国外出版社在进行选题可行性综合研究时，往往把经济效益放在第一位。

二、选题策划

我们国家的出版事业有一个特点，或者说一个优势，那就是参与出版社选题组稿过程的不仅有出版社和相关作者，还有一些主管意识形态的部门提供意见。有些选题是主管单位资助项目，所以出版单位觉得有依靠、有来头，很容易把目标定得高高的、摊子铺得大大的，选题订得多多的，时间拉得长长的，其结果往往是不如人意，效果随着时间拉长而递减。具有史料保存价值的大套书或工具书，卷数多一点，时间拉长一点问题不大，因为读者对象本来就不是以个人为主，大都是集体购买；以一般读者为对象的知识性丛书，时间拉得太长，读者的注意力可能会减弱，兴趣会逐渐淡下来，不利于图书销售。

丛书很有吸引力，各出版社都对丛书感兴趣，编辑人员也是千方百计想搞包含几本、几十本甚至成百本的丛书。要搞好一套丛书，一定要有后劲，要作大量的组织工作，要有充裕的稿件来源（对作者要具有选择性），要有很强的编辑力量，要有明确的读者对象。除了部分来自出版工程的选题，更多的选题要靠编辑提出来，编辑应该把选题工作放在与书稿加工整理同等重要的位置。现在出版社搞责任制比较侧重于每年出多少本书，造成的印象是编辑唯一的或者至少是首要的职责就是看稿子。其实就出版单位长远而言，应该把提选题和组稿作为与加工整理同等重要的任务在责任制中规定下来，对提出好选题的编辑应该给予重奖（经济上和精神上）。

编辑的选题策划应该包括以下几方面的内容：

1. 选题的名称，提出选题的根据。

2. 选题在国内外有无类似性质的作品，国内外学者对这类选题的研究状况，本选题有什么特点。

3. 选题的读者对象。

4. 选题社会效益和经济效益的估计（包括销售市场前景的估计）。

5. 作者状况。要求越细越好，包括作者的学术观点、学术水平、学风和重要经历及基本政治表现（主要是指海外华裔作者）。

选题不一定都要提大部头的、成套的书，选题的视野应该更开阔些，题材更广泛一些。若要提出好的选题，须作一些积累工作，比如广泛而又有选择地参加学术活动，不拘一格地参加一些读书活动，利用书市书展机会参加一些卖书活动，等等。

选题，是编辑的一项基本功，如何练好基本功？经验是多读多听多走多写。读，是读报纸、杂志、书籍、资料、学会的论文稿、博客、新媒体网站等。当编辑要多读几份自己专业方面的报刊，了解最新的社会热点、学术观点、经济动态等方面的信息，对策划前沿性选题很有帮助。听，听专家的意见、读者的意见、同行的意见、出版发行工作者的意见、领导的意见、身边亲戚朋友的意见。走，是勤于调查研究。深入社区、研究机构、考古单位、文物保护单位、作家协会、政府职能部门、大中专院校等机构，了解和调研各部门所进行的工作及对工作成就的发表情况。这块是选题的主要来源地，且组稿相对比较简单。写，是在调查研究之后要写出调研报告。通过对写的材料分析，可以探索可持续选题。对调查研究资料中有些实物，失之交臂还可以后会有期；有些人物材料，一旦错过机会，就可能永远湮没了。

三、选题优化及撰写选题报告

选题一经确定，编辑将进行优化选题和准备选题报告工作。首先，明确读者对象是构思出版物内容与形式的基础。读者对象不明，作者必定无法写出好的作品，未来的出版物也难以受到读者欢迎。读者的年龄、性别、受教育程度、从事的职业与阅读目的不同，会对出版物的内容有不同的需求，对不同的出版物形式有不同的偏好，对不同的出版物的接受情况也有不同。这就会形成各种不同的文化产品消费需求。

明确了读者对象，就要针对读者而设计主题。设计图书的主题时,在针对读者状况、同类书市场状况的调研基础上进行设计。设计的同时,还要考虑到读者对象的收入情况、审美角度等方面信息。力求在文字表述形式上讲究修辞,达到逻辑性与艺术性完美结合。具体要求是:题材符合读者对象的审美,内容适合读者对象认知能力,售价适合读者对象支付条件。避免跟风同类产品,一定要有别于同类产品,有独特之处。

选题设计方案选定之后,就要选择作者。选题策划初期,编辑就应该有关于本书最合适作者对象的初步设想。到设计实施方案时,就要在全面考虑思想水平、学术能力、写作风格等的基础上选定作者。

如果在设计选题时就能基本上确定合适的作者人选,是最理想的状况。如果没有确定,也可以拟出数名备选的对象

大型图书,如百科全书、词典往往需要众多作者分工合作完成。这就需要选择最合适的作者撰写相关的内容。同时,为组织工作的方便和效率着想,作者宜相对集中一些。德高望重的著名学者和年富力强的中青年专家适当搭配,往往能取得很好的效果。

作者选定之后,就拟订进度计划,对进度计划的

拟订包括确定组稿落实时间、交稿时间、审稿时间、审稿以后有可能需要的退修时间、编辑加工时间、审定发稿时间、校样处理时间、印刷、装订时间、出书时间等。拟订进度计划应该尊重编辑出版工作的规律，要根据书稿的内容难易、篇幅大小、编辑力量的多少和制作生产的复杂程度等，安排长度适当的时间段，并且一般要留有比较充分的余地，以防止由于意外情况（如原先的选题设计有所变化，作者未能按计划交稿，稿件需要作较大幅度的修改等）出现而导致原定的计划落空。

　　进度拟定之后，需要预测成本与估计定价。在成本控制和拟定定价时，要充分考虑读者对象的支付承受能力和同类图书在市场上的价格情况。在此基础上运用"本量利分析"的原理，再考虑影响图书定价的各种因素，提出图书的估计定价。

　　图书是一种商品，只有被消费者购买，才最终实现其价值。因此，选题进度拟定之后，编辑与市场部一起策划营销方案。主要是分析目前市场状况，来预测未来市场状况。通常从同类出版物的市场表现情况分析入手。分析它们的品种数量、出版时间、相应出版单位的营销策略、市场销售情况、读者反馈情况、截至目前的累计销售量和销售变动趋势，据此可以估算出未来市场空间的大小。由此可以借鉴一些成功的做法，同时也可以借以估计潜在的市场需求量大小，提出较科学的社会效益和经济效益判断。编辑要从本选题所设计图书的内容、形式、特点、定价、上市时间等因素的分析，进一步增强说服力。如此，一份成熟的选题报告就形成了。

四、有关重大选题备案制度

《出版管理条例》规定，涉及国家安全、社会稳定等方面内容的选题，须进行备案程序。具体包括：

1. 有关党和国家重要文件、文献选题。

2. 有关现任、曾任党和国家领导人讲话、著作、文章及其工作和生活情况的选题，有关现任党和国家主要领导人重要讲话学习读物类选题。

3. 涉及中国共产党历史、中华人民共和国历史上重大事件、重大决策过程、重要人物选题。

4. 涉及国防和军队建设及我军各个历史时期重大决策部署、重要战役战斗、重要工作、重要人物选题。

5. 集中介绍党政机构设置和领导干部情况选题。

6. 专门或集中反映、评价"文化大革命"等历史和重要事件、重要人物选题。

7. 专门反映国民党重要人物和其他上层统战对象的选题。

8. 涉及民族宗教问题选题。

9. 涉及中国国界地图选题。

10. 反映香港特别行政区、澳门特别行政区和台湾地区经济、政治、历史、文化、重要社会事务等选题。

11. 涉及苏联、东欧等社会主义时期重大事件和主要领导人选题。

12. 涉及外交方面重要工作选题。

13. 编辑制作出版反映党和国家领导人生平、业绩、工作和生活经历的重大题材作品,实行统筹规划、归口审批,按照中央和国家有关文件要求办理立项手续。经批准立项的选题,出版前按规定履行重大选题备案程序。

图书、音像制品和电子出版物重大选题备案中有以下情况的,由相关单位出具选题审核意见报国家新闻出版署,国家新闻出版署根据审核意见直接核批。

14. 中央和国家机关有关部门组织编写的主要涉及本部门工作领域的选题,由本部门出具审核意见。

15.中央统战部、中央党史和文献研究院、外交部、国家民委等部门所属出版单位出版的只涉及本部门工作领域的选题,由本部门出具审核意见。

16.解放军和武警部队出版单位出版的只涉及军事军史内容的选题,由中央军委政治工作部出具审核意见。

17.各地编写的只涉及本地区党史事件、人物和本地区民族问题的选题,不涉及敏感、复杂内容和全局工作的,由所在地省级出版管理部门组织审读把关,出具审核意见。

18.涉及中国国界地图选题,不涉及其他应备案内容的,由出版单位在报备时出具国务院测绘地理信息行政主管部门的审核意见。

五、重大选题申报程序及提交材料要求

出版单位申报重大选题备案,应当通过所在地省级出版管理部门或主管单位进行。

(一)不同主管单位管辖的出版单位申报重大选题程序

1.地方出版单位申报材料经主管主办单位审核同

意后报所在地省级出版管理部门，非在京的中央各部门各单位出版单位申报材料经主办单位审核同意后报所在地省级出版管理部门，由所在地省级出版管理部门报国家新闻出版署。

2. 在京的中央各部门各单位出版单位申报材料经主管主办单位审核同意后，由主管单位报国家新闻出版署。

3. 解放军和武警部队出版单位申报材料经中央军委政治工作部审核同意后报国家新闻出版署。

（二）申报重大选题备案材料要求

1. 省级出版管理部门或主管单位的备案申请报告。报告应当对申报备案的重大选题有明确审核意见。

2. 重大选题备案申报表。应当清楚填写涉及重大选题备案范围，需审核问题，需审核的具体章节、页码和待审核的人物、事件、文献、图片等内容。

3. 书稿、文章、图片或者样片、样盘、样带。书稿应当"齐清定"、经过编辑排版并装订成册，文字符合国家语言文字规范，引文注明出处。

4. 出版物"三审"意见复印件。

5. 备案需要的其他材料。包括有关部门同意立项的材料，送审照片（图片）样稿，相关部门保密审核意见等。

国家新闻出版署还规定：对申报备案的重大选题进行审核，必要时转请有关部门或组织专家协助审核；国家新闻出版署自备案受理之日起20日内（不含有关部门或专家协助审核时间），对备案申请予以答复或提出意见；国家新闻出版署审核同意的备案批复文件，两年内有效；备案批复文件超出有效期及出版物修订再版的，应当重新履行备案程序；出版单位应当按照出版专业分工安排重大选题出版计划，对不具备相关出版资质和编辑能力的选题，不得报备和出版；应当严格履行出版物内容把关主体责任，坚持优化结构、提高质量，严格执行选题论证、"三审三校"制度，确保政治方向、出版导向、价值取向正确；各地出版管理部门和主管主办单位是落实重大选题备案制度的前置把关部门，应当严格落实属地管理和主管主办责任。主要职责是：负责审核所属出版单位申请备案选题的内容导向质量及出版单位出版资质，对不符合备案条件的不予受理，对思想倾向不好、内容平庸、题材重复、超业务范围等不具备出版要求的选题予以撤销；对由地方出版管理部门和主管单位审核把关的选题，组织相关单位认真做好内容审核和保密审查，提出具体审核意见；对审核部门提出的意见，督促出版单位认真修改并做好复核工作；对应履行重大选题备案程序但未按要求备案的出版单位进行处理、追责问责。

出版单位违反本办法，未经备案出版涉及重大选题范围出版物的，由国家新闻出版署或省级出版管理部门责成其主管单位对出版单位的主要负责人员给予行政处分；停止出版、发行该出版物；违反《出版管理条例》和有关规定的，依照有关规定处罚。

所以，在选题申报时期，编辑一定要清楚所报选题是否为重大选题，如果是，一定按照程序申报重大选题备案。

第二节 图书的审读与加工、整理

一、我国出版管理机构的审稿制度

通常我们所说的审读工作,指对稿件进行审读、评价、决定取舍,以及对可接受出版但需要修改的稿件提出修改要求和建议的编辑活动。我们的审稿制度有两种。第一种是国家进行出版管理的审稿制度。根据国家规定,凡是选题需要报请备案的,其稿件也必须按规定送交国家有关部门审读,这是出版单位必须认真、严格执行的制度。第二种是出版单位内部实行的通常简称"三审制"的审稿制度,包括初审、复审、终审三个环节。这是按编辑工作的基本程序而言的。目的是让那些导向正确、内容健康、有益于读者有益于社会的图书面世，防止有害或低劣的作品出版，从而对社会文化负责，对读者负责，对作者负责。不经过严肃认真的审读，编辑部就不了解稿件的质量、学术水平或资料价值，不论是什么上级机关或社会名流送来的稿件，都不能贸然付排。这是出版工作者所担负的最重要的职责。

新闻出版署发布的《图书质量保障体系》第八条规定，"坚持稿件三审责任制度"，"初审，应由具有编辑职称或具备一定条件的助理编辑人员担任"，"复审，应由具有正、副编审职称的编辑室主任一级的人员担任"，"终审，应由具有正、副编审职称的社长、总编辑（副社长、副总编辑）或由社长、总编辑指定的具有正、副编审职称的人员担任（非社长、总编辑终审的书稿意见，要经过社长、总编辑审核）"。同时还规定："三个环节缺一不可。三审环节中，任何两个环节的审稿工作不能同时由一人担任。"这是我国出版单位长期以来一直实行的审稿制度。

二、先期审读和读者审读

在长期的编辑工作中，除了常规的初审、复审、决审外，还有先期审读和读者审读两类。

先期审读，是编辑人员日常工作的一部分。编辑必须密切注意学术动态，注意报刊发表的论文、著述及译文，从而了解著译界情况，掌握他们的研究活动，测度他们达到的水平，结合学术界、读书界关心的重大问题，对作者及预设选题先进行一个评估。这里面也包括编辑人员外出进行社会调查，出席学术会议，参与和专业有关的学术活动，访问专家学者，以及与读者座谈本社出版物的意见，等等。当我们读了一位专家的论文，看到一位作家的作品，经过认真思考，就晓得其人的功力，了解到他熟悉的问题和生活，就可以建议他写出长篇，或将短篇辑集起来，送到编辑部来供我们考虑。先期审读也包括组稿后，作者送来写作提纲，进行审读，提出中肯意见。这种先期审读，是编辑部活力的重要表现。

先期审读，对于编辑工作具有十分重要的意义。是编辑组稿工作准备的必要条件。

读者审读，是出版物发行以后，在社会上传播，广大读者和书评家进行的审读。

从某种意义上说,读者审读才是真正的终审。图书是思想和知识的载体,它在广大读者中间流传,为读者阅读、欣赏和检验,为图书评论家分析和衡量。

我们现在看到许多报刊上的图书评论,以及题名为"求疵录""读者评书""读者献疑""吹求点滴""咬文嚼字"等栏目或刊物,都是对出版物提出意见的园地,属于读者审读性质。出版社必须重视信息反馈和读者批评,作为改进工作的参考。从这种社会审读中可以看到社会效果。

讨论审读工作,我们要看到这三类审读:先期审读、加工过程审读、读者审读。应该有意识地注意这三类审读过程,妥善地加以引导和运用。

三、图书加工过程中的三审工作

我国的出版单位,普遍实行的是三审制度,如果有必要,还需要外审。

(一)初审

初审是三审制中的第一级审稿。初审者一般由取得中级编辑职称的人员担任。初审者要在通读全稿的基础上，对稿件的政治导向、思想倾向和出版价值（社会价值、科学价值、文化价值、艺术价值、市场价值等），稿件的具体内容、体例、文字以及是否有学术不端行为等进行全面审查。在此基础上，对稿件的优点和缺点进行分析，进而对稿件的质量作出实事求是的评价，对它可产生的社会效益与经济效益进行预估。最后，以"审稿意见"的形式表明是否可以采用，是否需要退修及如何退修，是否需要外审等，并将审稿意见随同稿件一起依次报送复审、终审，由终审者作出最终决定。

（二）复审

复审是三审制中的第二级审稿。复审应由具有正、副编审职称的编辑部主任担任。复审者应通读全部稿件，以对稿件的内容有一个全面的把握。以此为前提，对初审者关于稿件优缺点、价值、质量、效益的审稿意见进行审核与判断，表明自己或认同，或反对，或补充，或存疑的态度。对于初审中提出的原则性问题，尤应注意分析；如果与初审者的看法不同，复审者应充分说明自己的意见。对于初审者遗留的问题，复审者应予以弥补，帮助解决。对于不符合质量标准的初审，复审者有权要求初审者返工。对于初审提出的稿件处理意见，复审者应表明自己的态度。

（三）终审

终审又称"决审"，是三审制中的最后一级审稿。终审应由正、副编审职称的社长、副总编辑、总编辑担任。终审者主要审查稿件的政治导向与思想倾向，要从更高的角度审视稿件是否有违法律法规与有关的方针政策，是否有悖社会主义精神文明建设的宗旨和社会道德规范，是否具有学术价值或文化艺术价值，能否产生一定的社会效益和经济效益。同时，要从本单位的业务范围、出书特色、种类结构、品牌营造、经济实力诸方面综合考虑，避免重复出版、毫无特色、徒然浪费人力和财力等情况发生。虽然在三个审级中，终审所花的时间与精力相对最少，但因为终审者的处理意见是最终决定性的，其重要性自然不言而喻。

（四）外审

外审是指请出版单位以外的专家或有关部门审读。外审应由具有正、副高级职称的学科专业人员担任。外审不属于三级审稿制度的基本组成部分，只是对出版单位审稿工作的一种补充，因此并非每种稿件都要经过外审。通常是那些因出版单位缺少相应专业的编辑人员、难以把握其中专业性内容质量的稿件，才需要进行外审。

四、审读的具体操作环节需要注意的问题

审读是以作品为对象，包括各类性质的书稿，因此审读首先是一种认识过程。具体接触了稿件，一般看到各个章节，了解大致内容，还不能说是对该作品有了认识。这只是泛泛地浏览，粗疏的过目，至多是一种感兴趣的欣赏。审读不能停留于浏览与欣赏，它必须科学地审阅内容，进一步地分析与研究。没有由表及里地分析研究，剖析其论点，检查其材料，考察其论证与阐述，理解其联系与结构，对书稿就不可能有全面深入的认识，也就不可能作出正确的判断和评价。

审读不应该只是皮毛的感性的认识。作品都表达一种社会意识，反映一定的思想或生活，纪录历史或现实，因而必须把作品视为一种客观对象来加以科学地考察，要如实理解其阐述的内容，并掌握大量有关的思想和事实材料，从多种角度、多种层次上来作综合的观照，审读才能真正进入科学的领域。

浏览和欣赏，一般较多地侧重于感性的活动，审

读应该侧重于理性的判断。对于审读的作品，不应以审读者个人的思想爱好、美学情趣来决定取舍。审读是一种高级理性活动，与科学理论有密切关系，审读中总要运用某种理论，表现某些理论观点，从而应用于评估对象。从作品实际来权衡它的价值，我们应当运用辩证法和实事求是的方法，同时考虑现代化的历史进程，已有的文化结构将在改革的实践中逐步转变，若干观念需要更新和完善，审读书稿应与现代文化精神相适应，支持代表时代进步的倾向，鼓励更多适合时代需要的各类作品问世。

在审读时，应坚持从实际出发，以稿件本身的事实为根据，看它的主题思想，所用材料，所提论点、论证的力量，思路的开展，以及文字结构等方面，对稿件不是肤浅的认识，而是掌握了稿件的十分丰富的具体情况后，审稿人透过各种现象，进行推理和判断，揭示稿件的实质。

要使推理合乎逻辑，判断恰当，不但要把稿件中的各种现象分类整理，还要运用科学的思维方法，如唯物辩证的思维方法，乃至逻辑的方法与历史的方法来分析稿件。在对稿件的认识深化的过程中，在反复思考、深刻探究的进程中，实际上综合交错地运用着各种方法，而并非孤立地运用某一思维方法。由此可见，审读是一种上下求索、里外考虑的精神劳动，是一种艰苦的科学活动。

经过长期的出版事业的发展，编辑出版工作者积累了丰富的经验。现在就介绍几种编辑前辈们的一些审稿经验。

五、出版者谈审读经验

曾彦修编审关于审读稿件提出了八个"有"字：1.有材料；2.有论证；3.有见解；4.有创新；5.有探索；6.有办法；7.有分寸；8.有风度。他说，这"八有"也可以合并一两个，这八点，正是我们审读论著所必须注意的项目，其主要精神在于：实事求是，科学态度，谦虚精神。

他提出书稿中的论述要有分寸，从文风看来，这是十分重要的。希望书稿内容在一切方面都尽可能恰如其分。某些问题的论述，有时不能不适可而止，不需要把话说尽。这一点值得我们审稿写稿的编辑仔细体会。

刘元彦编审在关于审稿体会的文中指出应该有两

点要求：第一，对稿件应作出综合考虑、正确判断，坚决避免把优秀的稿件退掉，把低劣的稿件发出。第二，还应对书稿提出中肯的建设性的意见。无论是判断还是提意见，都离不开综合的考虑，即政治（包括政策）方面的考虑；学术（包括资料）方面的考虑；文字、逻辑方面的考虑。书稿性质不同，侧重点往往不同，但大体上都需要从上述方面多考虑。

他在政治方面的考虑中强调：通常称之为"政治把关"这个提法，只意味着消极地不出毛病，而我们还应该积极考虑如何在政治上更有益，更有利。学术性书稿，既要贯彻出版方针，强调文责自负，同时编辑也要严肃考虑政治上的利害得失。所谓注意政治，要坚持实事求是，有问题需要暂时回避，但不能虚构。政治性问题，要多考虑，多商量，多请示。

关于学术方面的考虑，他指出，首先要弄清稿子的内容，掌握其论点；其次要比较，看看有无新东西，有多少新东西；第三是分析，在理论上分析其论点论据是否站得住，材料是否有根据，解释是否合理，逻辑、文字、结构上有无问题。

商务印书馆陈仲雍编审在《审读加工工作》一文中说："对内容和文字作全面分析，这是审读工作最重要的内容。从积极的方面说,通过审读,应当发现书稿的一切可取之处。从消极的方面说,通过审读,又应当发现书稿的一切问题。这两方面的情况综合起来,就是衡量书稿出版价值的实际基础。"这是在审读工作的总体上应有的认识和要求。不过,他认为在实际工作中则不必如此全面,"只能去着重注意和发现书稿的主要优点和缺点",其余留待采用后在加工阶段处理。

在审读阶段,要着重注意书稿在四个方面的情况,即书稿的政治性、系统性、确切性和科学性。书稿的政治性是必须注意的首要问题,一般可从三个方面入手:一是政治思想观点的正确性和教育意义;二是倾向性问题;三是必须符合党和国家的各项政策法令。这是各类图书共同的大问题。其中有保密、边界、对外政策、民族与宗教政策,等等。"四性"之外,要研究书稿的文字,语法修辞、体例格式,等等。这种种考虑,既能提高书稿质量,又锻炼了编辑能力。

还有其他的一些专家提出审读稿件应注意思想性、科学性、系统性、知识性方面问题等。罗见龙、王耀光主编的《科技编辑工作概论》中,提出应审读政治性问题、科学技术性问题、全稿结构和文字质量问题等五个方面。根据稿件具体情况，我们都应酌情分别注意。

六、对书稿的"三看"原则

关于审稿的方法，由于来稿类别繁杂，各类之中层次又多，很难有确切的答案。根据各类书稿性质不同，重点相异，要针对具体情况分别审读处理。但从对稿件的基本要求而论，戴文葆编审提出了对书稿进行"三看"，即：对比看、整体看、站在高处看。这就是说，对一部稿子要横看竖看，由外入里，弄清它的内容情况，以便作出基本评价。

俗话说"不怕不识货，就怕货比货"，从同类作品相互对比看，任何事物，会在对比中见高下。通过比较，加以识别。我们接到一部书稿，可以拿来与同类论著、文章互相比较，就可以发现稿件的优劣。

从整体要求看。编辑接到的虽是一部原稿，在审读时，要把它当作一本形态完整、内容充实、外观吸引人的书看待。要考虑到一本书，从整体要求而言，应该具备哪些条件，而这部书稿是否具备这些条件。这就需要我们在审读中仔细观察和考虑，使各个部分组成一个整体。如果把它们割裂，或忽视某些部分，毫无疑问，就要影响和损害这部书的质量。因而，我们在审读中，对书稿的整体观念不能削弱或淡化，否则，我们审读的质量也会随之下降。

将立足点放在更高处看。繁重的审读工作，要求编辑具有多方面的修养，首先要求加紧学习理论，学习科学文化政策，注意新情况，研究新问题。作者、编者、译者，大多只是从他所写、所编、所译的问题去考虑；而编辑，尤其是审稿编辑，要从几个视角去观察问题，学会对一个问题作出几种答案的思维方法。态度要严肃，思路要开阔，立足点要放在更高处，比作者多考虑几个层面。这就要求审读编辑熟悉社会政治生活，了解文化科学艺术的发展状况，甚至应当比作者具备更多的社会和历史知识，清楚有关精神领域的主流思想，工作就比较容易做好。矛盾曾说过，"从事审读工作的编辑，实质上就是某种门类作品的批评家。一个批评家应当比作家具备更多方面的社会知识，更有系统的对社会生活的了解，更深刻的对社会现象的判断能力，然后才能给予作家以更有效的帮助。"按照这个见解，审稿编辑要努力提高自己的素质和鉴别能力，以求无愧于自己的职责。

七、审读原稿需要注意的方面

（一）认真写好审读意见

编辑对于审读意见，不应草率敷衍，切忌模棱含糊，要讲原则，实事求是，作出基本评价。这种意见，可以是篇论文的提纲，或是一篇书评，或是编辑笔记、读书札记，看所审书稿的具体情况，灵活处理。不过，必须写出对书稿的全面意见，毕竟是带着工作报告的性质。可长可短，视原稿的数量和质量，适当为宜。

（二）重视与作者修改稿件的交换意见

修改的意见，主要涉及书稿的政治、学术内容问题，也会涉及有关作者的权益与经济问题。编辑反馈问题要及时，不要拖拉冷漠，但又不自作主张轻易改写，要在编辑室内讨论，有些要汇报请示。

（三）保存好书稿的档案

书稿档案是国家科学文化发展的历史记录，是国家档案的组成部分，出版社应该建立健全档案管理制度。国家档案局与国家出版局曾颁发《出版社书稿档案工作暂行规定》，对于书稿立卷的基本要求及方法等，都有具体要求。书稿审读意见及处理情况等立卷保存，意义重大，出版社不能以事情烦琐而忽视，要重视这项工作，建立此项制度。

八、书稿的加工、整理

加工、整理是审稿的延续。因为初审的目的是对稿件作出判断、决定取舍，从总的方面考察稿件的质量，不可能很细。加工、整理这是对稿件细致深入的审读和研究。

（一）审稿时要注意政治性问题

明显的政治性问题在审稿时一般都能发现，总的倾向一般也容易看出来。但是，有的政治性问题审稿时就不一定能发现。比如，历史方面的稿件，涉及边界时，就得慎重处理。审稿时，我们都要注意，遇到这方面内容，标注出来，仔细查阅资料。但一部涉及有现实意义的边界问题的稿子，其论述到底有无问题，审稿时粗观大略地读过去，往往不一定能确定。这就需要在加工、整理时过细地考察，作出确定的判断，有必要时送有关部门进行重大选题送审。

政治性问题忽略不得，加工、整理时不能完全依赖审稿时的判断，必须作进一步的细致的考察。政治问题随着政治形势的变化而不同，加工、整理时要根据新的形势重新考虑。学术问题，逻辑性问题，乃至文字问题，审稿时也同样只能作总的评价，指出总的或主要的优缺点。过细的工作也只能在加工、整理中去做。

（二）稿件加工、整理的具体做法

审稿肯定了稿件，作了评价，加工、整理继续进行精细审阅工作，才能使稿件更完善。编辑审阅稿件时所提意见是站在作者的立场，为了使稿子在理论上、逻辑上更谨严，资料上更确实、更有说服力而提的。不仅有如何修改的意见，也有如何删削、如何补充、如何调整的具体意见。可以说，这是对稿子进行一次具体的学术上的探讨。提出的意见，作者考虑后再作修改，这种积极的加工有助于稿件质量的进一步提升。

一部稿件责任编辑至少要读三遍。审读一遍，加工、整理一遍，校样一遍。审稿是整体把握，作出判断；加工、整理是作细致的工作，达到发稿水平；校样是检查有无遗下问题，作最后的补救。一本书的具体面貌，决定在加工、整理阶段。因此，加工、整理除了抓住重点，做细致、深入的工作之外，其他方面都必须做好。随着印刷技术的现代化，齐、清、定发稿，是必然的趋势，而要做到齐、清、定，各方面的工作都必须做好，任何次要的方面都不能忽略。

根据经验，一部较大的稿件，要把加工、整理的各项工作一遍做好，很难办到。经常的做法是，主抓全局性问题和政治性问题，同时留意逻辑和文字方面的问题，留下技术性问题，附件最后检查。所谓留下技术性的问题，不是不做，而是之后专门做一遍。各种附件，如前言、后记、索引、照片、插图等，在加工、整理过程中，常常不全；即使齐全，也因为工作零碎，不易按原次序一遍做好。所以，最好留在发稿之前再仔细核查。

加工、整理时，一定要意识到编辑与作者的关系。只有这样，才能处理好关系，才能使加工、整理稿件时比较顺利省时。

（三）稿件加工、整理应重点注意的方面

第一，政治性错误应该坚持改正。编辑同作者的政治立场是一致的，若不一致是不会约他写稿、不会采用他的稿件，所以，稿件一般不会有大的政治性问题。即使出现问题，也是由于作者疏忽，考虑不周，或观察事物的角度不同产生的。由于这些原因，稿件中出现了政治性错误，比如危害我们社会主义祖国、泄露国家机密等，往往是一经说明，作者就会乐意改正。所以，对偶尔出现的政治性错误，持坚决要求改正的态度，不是不尊重作者，也不会因此同作者搞坏关系。相反，作者没有意识到的政治性问题，编辑注意了，提出修改意见，作者会对编辑更加认可。

当然，这方面必须谦虚谨慎，反对自以为是。因为是不是政治性的问题，有时并不那么清楚。如果实际上不是政治性错误，而编辑上升为政治性错误，坚持要作者修改，或强迫改了，那就不尊重作者，同时会搞坏关系。因政治情况变化大，变化快，所以，除了平时多留心、多学习之外，看不准的，还应该多商量、多请示。同作者商量时，要充分听取和尊重作者的意见，共同探讨问题的实质，即使我们的看法对，也应该坚持说服，决不能强迫。

第二，学术问题，尊重作者的观点。编辑要多提意见、多出主意，但不能坚持己见。政治立场，编辑、作者是一致的，学术上就不一定了。学术问题，编辑应该完全尊重作者的观点，加工、整理应该在这个原则下进行。换句话说，编辑在加工、整理时，应该维护作者的学术见解，在不推翻其基本观点的原则下，多提意见，多出主意，使稿件的论述更充分、更完善。编辑的学术观点同作者基本一致时，这比较容易作好；观点不同时，编辑给作者提问题有似于学术上的问难、辩论，是从反面提问，请作者进一步补充论证。当然，在这种情况下，应当有节制，有分寸，适可而止。学术上的问难、辩论，是可以长期进行，加工、整理时不能允许长期讨论，提一两轮，使问题讲得比原来充分一些、深入一些就可以。从不同的学术观点看，如果对方的论证不圆满，说服力不够强，提出修改意见，作者不愿意改，也只能适可而止。只有这样，才是尊重作者，贯彻"文责自负"的原则。

第三，尊重作者特有的风格，不要企图改变它。风格人人都有，有的人不明显，有的人特点突出。一种风格，有的人喜欢，有的人不喜欢。还有的风格，很少有人喜欢。但无论如何，一种风格既然形成，就是一种客观存在。要尊重作者，就要尊重他的风格，不必要求作者改变，而且，已经成为一种风格，也很难改变。所以，编辑不要企图改变作者的风格。当然，这是就一般情况而言。如果一种风格，已经使人不理解所说明的论点，或使人产生误解、产生歧义，作为编辑，还是应当提出修改意见。风格问题，在文学作品里更突出，需要理性判断。编辑要从"百花齐放"的高度来认识风格问题，尊重作者的风格。

第四,文字要少改。编辑在修改稿件时,可改可不改的,不改;必须改的地方,一定要改好。加工、整理稿件时,要注意和处理稿件中的文字问题。就学术著作来说,文字以少改为宜。不同类的稿件,要求不可能都一样,通俗读物文字必须通俗,报刊篇幅有限,文字多少有比较严格的限制,所以往往会多作一些改动。但有一点是共同的,文字方面,也要充分体现"尊重作者"的精神。无论什么稿件,文字改得太多总是不好。文字虽然不等于风格,但与风格有关,改得面目全非,事实上就否定了作者的风格。所以,尊重作者,尊重作者的风格,也应该尊重作者文字的风格,尽量少改。

(四)编辑自学和编辑加工

编辑在加工、整理稿件时,往往比读书学习时更细致、更深入。编辑应该有一定的学习时间,在工作一段时间后,有机会比较系统、比较深入地学习和研究一些专业范围内的问题是非常必要的,只有这样才能不断提高编辑业务水平。一个出版社,要多出好书,多培养一些好的编辑,必须重视编辑的学习,从各方面关心编辑的学习,包括给予一定的学习时间。

九、编辑工作应持有的态度

编辑加工、整理工作，是相当繁琐的，遇到的问题和难度也是最大的，如何更好地做好编辑加工、整理工作，现总结如下。

第一，编辑工作，最重要的是个"识"字，即有见解，有识别能力。没有较高的见解和识别能力，拟不出较好的选题，审稿时难于作出正确的评价和判断，也难以做到前面讲的高层次的加工。编辑的"识"，不是天生的，是工作中锻炼出来的，是综合政治理论、扎实的专业功底等各方面积累而来的。在工作中，自觉地积累经验，有意识地向老同志学习，就能进步得快一些。

第二，编辑工作要有气度。这是编辑工作者必须具备的另一种品质。对编辑来说，必须有民主的度量，不自以为是，不固执己见，平等地对待不同观点的稿子，善于和不同见解的作者民主地商讨问题，为提高书稿质量共同努力。

第三，编辑工作要有不卑不亢的品质。编辑接触和处理各类作者的稿子，有专家学者的，有领导的，有无名的作者的，也有年轻的作者的。正确的态度应该是不卑不亢,一视同仁。不要慑于名家、大人物的名,不敢提出应提的意见;也不能轻视无名的、年轻的作者,不给予应有的尊重。那样,不利于发现潜在的优秀作者,也不利于处好编辑和作者的关系。

第四,编辑工作要能入能出。能入,就是能够深入地了解稿件、理解稿件,特别是对稿件中新的东西,前人没有讲过的、而又具有学术价值的,应十分注意。能出,就是跳出稿件的范围,从更高、更广的方面,从政治、政策、学术影响、读者需要等各个方面,作综合的考察和衡量。

第五,编辑工作要有广博的知识。作为编辑,如果没有比较广博的知识,没有一定的专业水平,要做到有识有度、能入能出,是不可能的。与做研究工作的学者相比,编辑的博应该更宽、更广。编辑工作的特点之一,是综合考虑,编辑的博就是为它服务、建立在这种需要之上的。某些专家,可以较长时间研究和注意一个狭小的方面,而编辑不行,不仅在专业方面范围应该广一些,而且专业之外的政治、政策、思想学术动向、读者需求等,都应留心和学习。同时,编辑也应该有一定专业水平,对某方面或某一专题作比较深入的了解,进行一点研究,以锻炼和提高编辑的水平，特别是提高识别能力。

第六，编辑工作要边干边学。在工作和学习方面，要防止两种偏向，只顾工作不重视学习不好，只顾学习不重视工作也不可取。特别是工作了若干年，有了应对各种稿件的能力，学习上容易懈怠。编辑工作的弹性很大，一定要坚持学习，活到老学到老，才能避免停滞和倒退。人的爱好、兴趣，都是后天形成，因而是可以改变、可以培养的。作为一名编辑，应该培养自己对若干学科有广泛的兴趣，不能强调个人的兴趣而对工作挑挑拣拣，甚至不服从分配。编辑应该边干边学，干什么就爱什么，使自己成为多面手。只要有事业心，有为社会主义的文化事业、出版事业添砖加瓦的决心，加上肯钻研，对新的工作也能培养出兴趣。因此，在中国特色社会主义新时期的建设时期，在科技日新月异发展时期，在这个知识爆炸的新时代，我们编辑要坚持每日学习。达到苟日新、日日新、又日新。保持每天进步，更好地服务祖国，服务人民。

第三节　编辑校对工作

我国《图书质量保障体系》规定，"坚持责任校对制度和'三校一读'制度"，这是我国出版业校对工作的基本制度。校对工作的基本操作，包括初校、二校、三校、誊样、核红、通读、技术整理、对样等工序。

一、校对的职责及校对工序

校异同和校是非是各校次校对人员的共同职责。按具体工作任务的不同，各校次校对工作与责任校对的具体职责各有侧重。关于各校次校对人员的职责如下。

1. 初校。初校也称"一校"，

是对排版单位初次送出版单位的校样进行第一次校对。校对者必须依据原稿核对校样，订正排版时产生的文字、符号、图表、公式等方面的差错和版式错误。初校的主要任务是校异同，达到本工序规定的质量标准，同时兼顾校是非。

2. 二校。是指对同一书刊校样的第二次校对，即再次依据原稿核对校样、订正差错，消灭初校可能遗留的差错。二校者在校对过程中除了履行校异同、校是非职责之外，还要检查初校者的校改之处是否正确。

3. 三校也称责校。是指对同一书刊校样的第三次校对。三校应继续履行校异同的职责，消灭初校、二校可能遗留的差错，同时显著增强校是非的作用。

4. 人机结合校对模式。这是计算机校对软件应用普及以来形成的新的校对操作模式。

5. 通读。通读是指脱离原稿审读校样而进行的全稿细读。通读的主要任务是校是非兼顾校异同。通读中重点检查校样中的政治性、思想性、科学性、知识性、语言文字、逻辑等方面的差错。

6. 责任校对承担校对的主要责任，应认真履行的职责有：第一，参与各校次校对；第二，检查校对修改质量；第三，负责技术整理；第四，通读付印样。

7. 誊样。誊样又称"并样"。指将作者、编辑审改的校样（副样）上确认需做的改动誊抄到校对人员使用的校样（正样）上。誊样工作一般由责任编辑承担，责任校对复核检查。

8. 核红。核红又称"核对"，是指检查、核对前次或前几次校样上色笔改动之处在后次校样上是否已经改正，并校正其漏改或错改之处的工作。核红分校次间核红与付印清样核红两种。

二、校对的基本方法

（一）对校法

对校法是比照原稿核对校样，使校样上的文字、符号、图表、公式等内容与原稿完全相符，版式符合设计要求的一种校对方法。对校法有折校、点校、读校等具体操作方式，其中以折校和点校应用最广泛。

1. 折校。折校一般是把原稿放在桌子上，再将一页校样夹在两手的手指间压在原稿上面，并把校样上的字句对准原稿相应位置的字句，逐字比对。缺点是忽略对内容的理解，不利于校是非。

2.点校。点校是将原稿放在校样上方或左方，先看原稿，后看校样，逐字逐句进行校对。缺点是可能漏校或误校虚词、同音字、形似字、标点符号和形似外文符号等。

（二）本校法

本校法是通过本稿件上下文的互证和比较来发现问题，提出疑问，以订正差错的一种校对方法。

（三）他校法

他校法是在对校样内容存在疑问时，利用内容相关的其他权威文献来判断正误的一种校对方法。

（四）理校法

理校法是通过推理分析作出是非判断的一种校对方法。

三、编辑与校对的关系

（一）编辑和校对是保证出版物文字质量而紧密联系的两个环节

编辑对原稿进行审查和文字加工，校对根据原稿校正排版清样的差错，这是编辑与校对工作的主要区别。两者不同的侧重点，保证了图书质量。

（二）编辑和校对相互交叉、相互补充

一部稿件，经过著译者的精心撰写反复修改，又经过编辑的再三审读和加工，仍然会遗留一些笔误、错别字以及某些逻辑性、知识性错误。编辑发稿"齐、清、定"三原则，做到"齐"比较好办，做到"清"不容易，做到"定"更难。校对实际上起着编辑工作的继续和补充的作用，这是编辑和校对相互交叉、相互补充的一种情形。另一方面，编辑必须通读检查校样，在通读过程中也常常能够发现校对中遗漏的差错，同时根据校对提出的疑问改正原稿的疏漏。这是编辑和校对相互交叉、相互补充的又一种情形。

（三）编辑工作本身需要做校对工作

比如，核对引文和摘录资料，需要做校对工作；加工修改或誊抄部分稿件，需要做校对工作；通读检查校样，更是实实在在的校对工作。由此可见，编辑和校对是密切联系不可分割的。编辑和校对的分工是出版事业发展的需要，而在某些报刊社，编校仍然是合而为一的。

四、校对人员如何提高工作能力

(一) 识别作者手写稿

辨认手写稿的方法大体有三种:

1. 特征识别法。任何人的笔迹都有它的特点,每个字的结构、偏旁、起笔、运笔、落笔,每个横、竖、撇、点、捺,都有它特殊的笔锋。校对手写稿,首先要熟悉和掌握它的写字特征,遇到难认的字不要急于认定,可以存疑,待后文出现在别的词汇中时,便能从上下文豁然贯通,回过来再改正不迟。

2. 逻辑推断法。有的手写稿单从一个字、一个词语难以识别,但从语法逻辑、上下文内容的必然联系上却可以准确识别。

3. 层次识别法。有的手写稿经过多次修改,墨色多至三四种,红色笔删去,绿色笔恢复,黑色笔又作了修改,看起来令人眼花缭乱,理不出头绪。校对这种稿件,首先要确定各种墨色的先后层次,找出一种"权威的"墨色来,这样才能顺藤摸瓜,准确识别。

4. 经验识别法。有的稿件运用上述三种方法都无从识别时,只有靠经验来猜测了。

（二）看清校样

看校样关键在于一个"准"字。怎样才能看得准呢？

1. 看校样要有节奏。走马观花，一溜而过，肯定看不准。看校样要有停顿。停顿不能像电影机那样匀速停顿，而要像诗歌那样，有节拍，有抑扬顿挫，这样才会有节奏的校对，不易疲劳。

2. 看校样要有侧重。看校样不要平均花费精力，要把重点放在关键字词部分，也就是词的区别和字的区别上。

3. 看校样要有联想。平时注意把容易混淆的词、词组、形似字、同音字，或出过差错的字，积累起来，印在脑子里，在校对时就会产生条件反射，引起联想。

（三）掌握规律

校对工作和任何事物一样，有它特殊的规律性，而任何规律都是可以认识和掌握的。前边叙述的关于文字的形、音义，校对的各种操作方法，以及各种主观客观因素造成的差错，是从反面作出的对于校对的规律性的认识，我们只要根据个人的具体条件，从正面采取相应的措施，就能有效地防止差错的产生。

（四）精益求精

校对的主要任务是根据原稿校正排版过程中产生的差错。但是，校对又不仅仅是对原稿负责。对原稿负责是对校对的最低要求，最高要求应当是对读者负责。原稿中难免有疏漏，校对在文字技术方面实际上起着把关作用，是编辑文字加工的继续和补充。从校对人员的文化素质来说，它的容量是很大的，具有一定文字基础的人能够应对，具有高深学问的人也会"英雄有用武之地"。当然，文化素质只是基本条件，重要的在于实践。具有一定文字基础的，经过长期实践，有可能成为一名出色的校对，具有高深学问的，不见得能够胜任。

校对是一门专业，是一种文字技术工作。就其文字所包含的内容来说，是广泛的；就其技术性来说，是专门的。因此，只有同时具备这两方面条件的人，才能成为一名优秀校对员。

五、校对人员对校样的要求

（一）责任编辑向校对人员提供的校对样稿要求

1.编辑所提供稿件是所有正文原稿，包括前言、出版说明、序言、目录、正文、注释、索引、年表、后记或跋、版权、图等，要一次发齐。如果后补或增减篇幅，容易发生差错，还会造成经济损失。

2. 原稿要画改清楚，模糊部分要誊清，书写潦草难以辨认的字要描清楚或重写。

3. 原稿不要用校对符号。增加字句应当就近写在空格里，删去的字句应当直接涂掉，若无空格需要修改到页边上时，从行间引出，避免压着邻行的字句。

（二）校对人员改稿要求

1. 改校样与改原稿正相反，所有增删颠倒的字句，都应当用线引到页边上，清晰醒目，因为改版工人只看改动的地方，如果改在行间或涂在字句上，容易被忽略。

2. 写字要清楚，特别是人名、地名、数字、外文、生僻词，如果不写清楚，就会给排校工作造成困难。

3. 技术规格要统一。包括：（1）丛书、成套书、多卷本规格要统一。（2）引文、注释、标题格式要统一。（3）人名、地名、专名要统一。特别是翻译稿，应当采取科学方法，做到译名前后统一。（4）数码要统一。（5）书名号、引号的用法要统一。（6）"二字线""一字线""半字线"的用法要统一。（7）长度、重量、体积、货币名称、国名简称等，要按国务院规定统一改正。(8)外国人名缩写格式要统一。

4.用字要规范化。除了专用繁体字的稿件或在特定条件下必须用繁体字以外,一律应按国务院公布的简化字表和文字改革委员会整理的异体字表使用简化字和通用字。

5.改动稿件内容要慎重,没有根据的切忌随便改动。

6.不要在校样上大删大改,也不要在校样上修辞。因为在校样上改动太多,将增加改版工人和校对的工作量,还增加了出错机会,而且增加经济支出。

(三)责任编辑对校对人员的修改意见要认真对待

1.校对人员在校样上提出的疑问,编辑要认真解决。既不要不置可否,也不要全部照改。因为校对人员提的疑问有局限性,有的对,有的不一定对,要求编辑将提得对的用钢笔描出来,不采纳的去掉,但不要把提问的字迹擦掉。编辑改样应当使用蓝色钢笔,或者使用不同于校对的墨笔,以便分清责任。

2.编辑看样与校对同时进行的,编辑应将所有改动并在校对清样上,不要以编样抽换校样,以便校对科统计数量。

第四节　书籍装帧设计

　　书籍装帧设计在整个出版工作中的任务和作用已为越来越多的人所认识，因为它不仅仅起着美化书籍的作用，更重要的是它反映了一个国家的文化水平和文明程度。因此，自古以来许多国家都把书当作相互赠送的珍贵礼物。

　　书籍的出现有着悠久的历史。在我国，早在公元前17世纪初到前3世纪的商周时期，已有书籍的萌芽。从甲骨、青铜、石头、竹木简、缣帛直到线装书，不断发展，不断进步。在国外还有用树叶、羊皮作书的，最后才走上用纸的共同道路。

　　随着人类社会生产的进步、科

学技术的发展，书籍的作用愈加广泛和重要，因为它是人们对生产斗争、阶级斗争和科学实验三大革命运动的总结；是用文字记录人们经验、表述人们思想、传播知识的工具。所以书籍作为一种社会产品的出现，就具有一般产品所没有的两重性，它既是人们的物质产品，又是人们的精神产品。无论书籍的内容或书籍的形式——装帧，都是人们思想意识的结晶，无不对人们起着潜移默化的作用。书籍对于人类社会文明与进步，有不可估量的作用。

书刊的整体设计是书刊生产过程中的一个重要环节。它主要对构成作品的文字、符号、图形、图像、表格等要素进行编排设计，使作品内容具备清晰并富有层次的表现形式，同时选择合适的纸张和装帧工艺材料，使书刊能够具备美观、实用的外部形态。整体设计的效果，最终要由一定的印制工艺来实现。

一、关于书籍装帧设计

从生产一本书籍的自然过程来看，首先要有精神产品——书稿，然后则要有物质材料，即纸张、漆布等其他材料；有了上述物质，才具备生产书籍的条件，即制版、排印、装订等一系列工艺过程。但是各种物质也好，各个生产条件也好，只有通过装帧设计以后，才能使这些独立存在的物质和工艺串联起来得以实施。因为装帧设计是生产一本书的完整方案和构想，包括开本大小、护封、封面、封底、书脊、环衬、插页、插装材料、印刷方法等一系列环节，形成一个周密的蓝图。美术编辑从事这一工作之所以称为装帧艺术设计，就是我们并不是对一些物质材料加以组合，而是赋予思想性、艺术性，以自己的艺术修养、美术专业技能、业务知识（包括对书稿性质的一定理解和掌握的印刷制版知识），提出完整的方案和图纸，使书籍生产后，在使用价值和欣赏价值上取得良好的效果。优秀的装帧设计能给人们以美的享受，陶冶人们的精神，这就是装帧艺术在思想上、精神上的潜移默化功能。

当然，美术编辑的劳动创作还要通过印刷工艺去体现，这一环节十分重要。我国目前书籍装帧有很大提升，固然与装帧设计有关，但在很大程度上，制版印刷工艺及物质材料的改进也是重要原因。所以，提高书籍装帧质量，必须从多方面着手。要重视出版事业对四化建设的作用，调动出版战线上各方面的力量。

二、书籍装帧的内容

（一）书籍装帧包括以下几个部分

1. 包封。也叫护封，俗称护书纸，即加在封面外的保护纸。包封实际是该书的宣传品，读者可以从中了解该书内容提要，用于保护书。

2. 封面。指封一、封二、封三、封底。封面上的内容包括书名、作者、出版者名等，封面有纸面的、纸面下衬卡的、漆布面的、组织物的，等等。

3. 书脊。即书的脊背，它连接书的封一和封底，内容包括书名、作者、出版者名。

4. 书函。即书壳。书函对线装书是十分重要的，有蓝布函、织锦函，现在书籍多采用工业纸板函或硬塑料函。

5. 书顶（上切口）、书根（下切口）。即书的上、下边，考究的书常在书顶上刷金粉或其他颜色。

6. 翻口、订口。书装订的一边叫订口，相对的一边叫翻口。订口在右边的叫中式翻身，订口在左边的叫西式翻身。

7. 勒口、漂口。即包封或平装封面、封底向左右延长的部分叫勒口；精装书长于书心的部分叫漂口。勒口多用来刊印本书内容简介或作者简介（多半在前勒口），后勒口常做同类书籍或他种书广告介绍，便于读者选用参考。

8. 环衬。即扉页的前一面，连在封面与扉页之间的叫前环衬、连在正文与封三之间的叫后环衬。起封面、封底美术设计与扉页正文的过渡作用。

9. 扉页。在封面或环衬的后面，正文的前一页，起补充封面的作用，但比封面的内容更详细，如书的副书名，全部著译者的名字、出版者名、地点、时间，等等。扉页在封面艺术上也有补充或呼应的关系，有时扉页设计比封面还要复杂多样。

10. 像页。专著和重要著作，作者像页一般放在正文前面，扉页后面，一则更庄重，同时也便于装订。像页单页插在正文之中某一特定章节，但不在正文之中者，叫单插页，常见于文艺小说，也有插入正文之中的。

11. 版本说明。记载有关这本书的版本出处或情况，大多用小号字印在书末版权上方或环衬、扉页的背面。

（二）书的内心部分主要有以下几个方面

1. 版心。每一页的文字部分，从上到下，从左到右所占的位置即版心，也就是在每一页码中共排多少行，每行多少字所占的总面积。

2. 天头、地脚。即版心上下所空出的空白地，上面叫天头，下方叫地脚，中国古本书、线装书天头大地脚小，西式翻身书籍上下基本相等。

3. 书眉、中缝。即印在版心以外的书名、篇名，目的是便于翻阅查找，从左到右印在天头靠近版心的叫书眉（顾名思义即书的眉毛），直排正文印在切口处的叫中缝。

（三）书的大小用开本表示。不同的书，字体和字号也不同

1. 开本。即全张纸的开切尺寸，全张纸一半的叫对开，全张纸1/8的叫8开，如此类推，1/16为16开，1/32为32开。一般以全张纸787×1092毫米的纸张为基础，这种规格的32开即称为小32开，如以850×1168毫米开切的32开，称为大32开；还有一种787×960毫米纸张所开切的32开，内部称为40开因为它与787×1092毫米开切的40开大小相仿。开本的种类很多，常用的就是这几种。

2. 字体。汉字常用有宋体、楷体、仿宋、平体（黑体）。一般正文，因为平体笔画太粗，不宜于阅读。用宋体排正文的较多，仿宋、楷体常用于诗歌、散文，平体不宜于排版。

3. 字号。分初号、一号、二号、小二号、三号、四号、小四号、五号（老五）、小五号（新五）、六号、七号共11种。简略地列举这些项目，其他如铅线（水线）标点等就不一一介绍了。

三、书籍装帧的原则和要求

（一）书籍设计的整体要求

1. 整体性。书刊整体设计必须与书刊出版过程中的其他环节紧密配合、协调一致，更要在工艺选择、技术要求和艺术构思等方面具体体现出这种配合与协调。

2. 艺术性。书刊整体设计应具有独特的审美价值，不仅要充分体现艺术特点和独特创意，而且要具有一定的艺术风格。这种风格，既要体现书刊的性质、内容特点和与所面向的读者对象相对应，也要体现一定的时代特色和民族特色。

3.实用性。书刊整体设计必须充分考虑目标读者使用的便利性,充分考虑目标读者经济上的承受能力与审美需求,充分考虑审美效果对提高读者阅读兴趣的导向作用,方便读者阅读,有利于读者理解书刊内容。

4.经济性。书刊整体设计不仅要考虑书刊阅读和鉴赏的实际效果,而且要兼顾成本投入的产出效益:一是考虑成本投入与可产生的设计效果的关系;二是考虑设计方案导致的成本支出对书刊定价与读者的承受能力、购买心理的影响。

(二)书刊整体设计的基本原则

为了达到上述总体要求,书刊整体设计需要坚持四条基本原则。

1.形式与内容统一。整体设计应该与书刊的内容相结合,使美观、实用、经济的形式设计与高质量的内容相映生辉。书刊整体设计不能置书刊的内容于不顾,单纯地为设计而设计。

2.共性与个性协调。共性是指各项具体设计必须服从和服务于整体的设计方案,面封、底封、书脊、护封、腰封、函套、环衬、衬页、书名页等版式的设计风格要保持一致。个性是指要在整体的设计思想指导下，从实际出发体现各项具体设计自身的特色。整体设计不等于整齐划一。各项具体设计的多样化，可以丰富整体的美。

3. 艺术性与实用性结合。书刊整体设计的艺术性和实用性总是紧密相连的，既要充分体现艺术特点和独特创意，也要尽量使书刊从内文到外部装帧都方便读者的实际使用。艺术性与实用性有机结合，整体设计才能相得益彰。

4. 继承与创新结合。我国是一个具有悠久文化传统的国家，古代的书籍设计艺术达到很高水平，积累了丰富的经验，留下了宝贵的遗产，需要我们继承和发扬光大。国外的书刊整体设计中，也有许多值得借鉴的地方。现代技术为设计者提供了充分展现智慧和想象力的条件。

四、加强美术编辑与文字编辑的合作

由于书籍装帧艺术从属于书稿，所以在进行装帧设计时，一刻也不能忘记这个从属性。书籍装帧必须围绕书的内容、性质、类别、风格去考虑。为了使装帧设计符合书稿的内容，就必须与文字编辑密切合作。

对于文艺书、传记书或历史书，一般容易从书稿中受到启示或感染。特别是文艺作品，能从中抓住某些情节和意境，通过艺术语言去表达；历史书也可以借助史料得到启示，编辑和作者也比较容易理解设计意图，因此思想上比较容易贯通一致。而政治理论书籍就大不相同了，有的书稿属于哲理性或学术性的，我们不易通晓内容，也不能一一通读或理解，因此很难从书稿中抓住精神。特别是一些抽象的观念，是很难用艺术形象表达出来的。

对美编的要求来说，在进行装帧设计前，切忌对书稿似是而非地了解一下就动手设计，必须主动地与文字编辑取得密切的联系。文字编辑是第一个读者，对文稿的情况是熟悉的，有充分的发言权。美术编辑除了向他们了解书稿的大概内容外，还可以了解书稿产生的时代背景、作者的个性和经历，以及读者对象，等等。总之，凡与书稿有关的情况，知道得越多越好，对图书的整体设计就会更加贴切。

文字编辑与美术编辑在对待装帧设计的认识和取舍上，总有距离。文字编辑毕竟是从事文字工作的，他们从书稿的角度出发提出要求；而美术编辑则要按照装帧设计的创作规律，把自己对书稿的认识，变为具象或抽象的形象画在纸上；由于各自的角度不同，对书稿的理解不同，加之爱好、欣赏的差异，有分歧是正常现象。双方的共同目的是出好书，希望把书籍打扮得好上加好，文字编辑与美术编辑既有合作的关系，又各自职责分明，文字编辑对书稿质量负直接责任，而美术编辑对装帧设计负直接责任。只有各自职责分明，才能充分发挥各自的主动性、积极性。

同时，最终的装帧设计方案，应当与作者分享，听取作者的意见，多方参与，共同完成，实现整体性、艺术性、实用性的完美结合。

第五节　编辑应用文写作

应用文和其他文体的区别就在于"应用"二字，它的特点就是具有直接应用于客观事物的某种价值。正因为它要使读者获得直接应用的了解，因此，应用文有三点基本要求：1.主旨鲜明；2.语言准确；3.要使读者便于领会和应用。

编辑应用文，是书刊编辑人员在工作过程中为制订选题，联系读者，审稿发稿时表明自己的见解，向读者说明出版情况等而写的有直接应用作用的文章、文件。它在应用范围和格式上有其自身的特点。

如果按图书编辑过程来划分，它可以分为三大部分。

第一，选题组稿阶段。选题报告、调查报告、访问报告、编辑计划、征稿启事、约稿合同、来往信件等。

第二，书稿编辑阶段。审读报告、退稿和退改稿信件、内容提要、出版说明、体例说明（凡例、编例）、编者的话、作者介绍等。

第三，书稿完成以后。新书预告、出版简讯等。

在编辑工作中的以上三个阶段所写应用文，有一部分是印在书上与读者见面的，如内容提要、出版说明、编者的话、作者介绍、后记等，这些称之为图书的"附件"，而这些附件一般都是编辑人员写作的，也应属编辑应用文范围。还有一部分"附件"如注释索引、译名对照表、附录等，一般不是编辑人员写作的，从其作用来讲却不应属编辑应用文，虽然它也是书籍的"附件"。

编辑应用文不但关系到编辑工作的运转，而且有一部分是作为"附件"，在书刊上与读者见面，为读者服务，有助于他们了解和阅读书刊。因此，编辑应用文的写作是编辑工作重要的一环，也是编辑人员应该熟练掌握的基本功之一，而且应该严肃对待，精心写作。

一、简单介绍几种常用编辑应用文

（一）选题报告与审读报告

选题报告是要求上级审定、批准选题的报告。它是根据出版社的方针任务和读者的需要以及写作者的条件提出的有关选题的报告。

选题报告，应该包含这几个要素：

1. 提出选题的理由或依据——出书目的，读者需要，供哪一些层次的读者阅读，社会效益和经济效益的估计等。

2. 选题的内容和特点——对本书总的设想，同类书出版情况及本书特色等。

3. 完成这个选题的步骤——拟怎样约请作者，拟约请的作者的学术水平、文字水平，何时交提纲，估计何时出书为宜等。

4. 有哪些问题尚待弄清，哪些问题尚需要请示解决办法。

选题报告的写作应建立在充分调查研究、了解图书市场信息的基础上，同时，要准确掌握出版方针政策和符合出版分工范围。

审读报告是各级编辑人员在审读书稿后所写的报

告，这是编辑工作中极为重要的一环，特别是责任编辑所写的全面完整的审读报告，对书稿相当于一审"判决"。虽然二审、三审必要时也要写审读报告，但一般是签署意见，表明对一审的意见同意或不同意，提出自己的意见和处理办法，等等。所以，责任编辑应真正负起责任，对书稿写出全面的、基本的评价和提出明确的处理意见。

（二）责任编辑写的审读报告，应包含这几个要素

1. 稿件的来龙去脉，写作背景情况；

2. 总的评价，可否采用；

3. 对稿件的优缺点评价，举例说明；

4. 修改意见；

5. 关于稿件处理的意见和措施；

6. 要求复决审或作者解决的问题。

要能写出有水平的审读报告，就必须仔细通读稿件，随手记下问题。要阅读同类书籍，做横向对比，并要了解有关的方针政策或学术研究情况。当然这些主要靠平时积累，可是也不能排斥"临时抱佛脚"的作用。总之，要认真做审读前的准备工作。一名编辑人员要有所负责编辑的图书的所需知识，在这些知识

第二章 图书编辑业务

的基础上要形成见解，这些见解要转化为处理稿件能力。一篇好的审读报告，正是反映了编辑处理书稿的能力，而且也反映编辑的知识水平和见解。

下面是我所编辑的图书《土木工程概论》书稿三审意见所摘下的提纲，供大家参考其写法：

【例】

《土木工程概论》审稿意见

1.该书是作者总结多年的教学实践和科研心得，根据学校开设的"土木工程"课程补充了计算机在土木工程中的应用等内容撰写而成。

2.目前，市场上关于土木工程相关图书比较多，但将计算机应用程序融入的还相对较少，在大中专使用教材中很少见。该书对一些复杂、繁琐的计算机程序应用，尽可能用简单的方式及其应用示例表述，使学生容易接受，很值得推崇。

3.书中的案例，一部分是为了描述计算机应用基本原理、基本方法的实现步骤而给出的。另外，在章节的编排方面作一些改进，顺序方面作一些调整，对于一些章节进行必要精简。审读认为该书内容更倾向于专著，建议作者与最新出版的同类国内外教材比较，再经过仔细的修改，达到更高水平的教学用书。应考虑以下几个问题：

（1）教材的定位问题。本书是国内出版的、公开发表的教材，其内容要求应与国内一般大中专院校教学要求相适应。从本书内容来看，应该是作者所在学校的教学内容，确定为本书内容，但应考虑一般学校的要求。换言之，有些学校的计算机学科教程可能使学生达不到本书所描述的熟练应用计算机程序的要求，可以不讲太复杂的理论内容，但是教材中不宜没有，因而可以大众化一些。

（2）有些问题的讲法，可能适用于作者所在学校的一部分或大多数教师，而尚未被国内同行广泛使用，请慎重考虑是否纳入本书。

（3）目前许多教材采纳了一些新的内容，如附有光盘，加入总体设计内容，增加术语或习题，增加案例分析等。本书很少采用这些新的形式，是否可以结合教学经验和特长，增加一些有特色的内容。

其他一些我们认为不恰当或可以商榷之处，已在各章的意见中提出。请作者考量。

这篇审读意见分三大部分：总的评价；有关全局

性的修改意见；只涉及局部的具体意见。这种写法条理清楚，别人读起来能逐条考虑，提出处理意见，应用文的特点是应用，所以，应时时处处考虑读者的方便，考虑别人便于研究处理。审核意见切忌多理不清，颠三倒四，语气模棱两可，令人"丈二金刚摸不着头脑"。

（三）约稿函

约稿函又称"组稿函"，是以出版单位名义或以编辑个人名义约请作者撰稿的信函。约稿函可以有不同的写法，大致包括以下几方面内容：

1. 稿件的题目；

2. 写作的内容和要求；

3. 读者对象；

4. 字数和交稿时间；

5. 可供参考的资料；

6. 写作对象；

7. 著作方式的具体要求。

【例】

"历代中国哲学史"丛书约稿函

××先生：

您好！我社计划出版一套"中国哲学通史"丛书，特向您约稿。具体设想如下：

1. 哲学是人类智慧的结晶。读哲学书籍可以明智，读哲学书可以增智。凡有成就者，无论从事哪种职业，他们在青少年时代乃至生命的每一阶段，都读各国的哲学……这些书给了他们重大影响，留下了一串串精彩人生。

2. 然而，如今我们所见到的谈哲学的文章，几乎全是作家和一些作家兼学者写的，感觉深度方面稍有欠缺。本丛书旨在突破这种状况，请各方面的专家，将自己对哲学的研究精髓写下来，由我们结集出版，从而达到传播哲学文化的目的。

3. 请撰写者在写作时，按章节写来，每本二十万字左右，也可稍多。

4. 写作内容包括所写朝代哲学发展史、本朝代哲学名人、本朝代哲人的重要著述讲解。

5. 第一辑将于 2023 年 8 月发稿，作者最好在 5 月完稿。静候您的回音。顺颂撰祺

×××出版社编辑部

××××年×月×日

（四）退稿函

退稿函是告知作者书稿不予采用的信函，一般由责任编辑撰写。退稿函的主要内容，是说明书稿未能采用的原因。一般说来，退稿原因有三种：

1. 来稿质量较差。

2. 来稿有一定质量，但因已有同类稿件，一时难以列入计划。

3. 来稿内容与本社出版方针不符。

撰写退稿函，要注意"退稿"不"退人"。

【例】

《xxxx》退稿函

尊敬的 xxx 先生：

您好！

您的投稿《xxxx》收到，迟复为歉！首先非常感谢您对我社的信任和支持！

xxxx 是现阶段国家人才培养的一个非常重要的方向，党和国家高度重视，并且着力开展了相关培训机构建设和学员招聘工作。"xx xxxx 培训手册"就是近年来有关 xxxx 建设的重要成果。该手册由"xxx"机构组织全国著名专家学者编写，经 xxxx 审定，由xxx社出版供全国各技术学院使用。

《xxxx》，是有关课程的国家唯一指定教材。经拜读，您的投稿《xxxx》在内容上与xxx出版的培训手册《xxxx》多有重复，故我社不宜再出版同类图书。

非常抱歉！现将书稿退还给您，同时奉上我社出版的最新版《xxxxxx》重点图书，略表心意，今后希望继续得到您的信任和支持。

敬颂

xxx出版社

xxxx编辑部

xxxx年x月xx日

（五）送审报告

送审报告也称外审报告。编辑在审稿的过程中，发现书稿中有重大的政策问题、涉外问题、民族问题、宗教问题、军事问题、学术理论问题或专业性特别强的问题，觉得没有把握，需要送请有关单位或部门，或请有关专家审阅，需要撰写送审报告。送审报告由责任编辑拟稿，总编辑签发。

送审报告主要包括以下内容：

1. 送审部门。

2. 原稿和作者的基本情况。

3. 编辑对原稿的看法。

4. 送审问题的章节、页码。

【例】

《xxxx》送审报告

xxx 研究所：

我社拟出版《xxxx》一书。该书针对中国历代民族融合发展方面的各个时期的若干重大问题，在充分掌握第一手资料的情况下进行了细致梳理和深入研究，提出了民族融合理论方面创造性的观点和见解，具有较高的学术性和思想性，对学界和相关部门开展研究具有较高的参考价值。

该书作者xxx，xxxx年生。现任xx副研究员，《中华民族研究》课题首席专家。著有《xxxx》《xxx》《xxxxx》等专著，发表论文百余篇。

该书内容涉及民族、宗教、外交等重大问题（详见第5页至第62页、第96页至第105页、第145页至第184页），论述是否准确、得当，请审阅。

xxx 出版社

xxx 年 x 月 x 日

(六)出版说明

编辑部门在编辑出版一本书时,往往有必须向读者说明的一些问题,这就要写一篇出版说明或编者的话、凡例、编例之类的文字。出版说明往往放在扉页之后,正文之前,以引起读者注意,文字要求精练,说明的事项不外乎这几个方面:

1. 本书的价值。

2. 出版的目的。

3. 编辑的过程(古籍的版本及校勘情况,译作的原著及译者的情况,选本文章的选编原则)。

4. 其他需要向读者说明的问题。

"出版说明"代表编辑出版者讲话,有指导读者阅读的作用,读者也比较重视,所以,写出版说明要充分考虑其准确性、鲜明性、严肃性。

【例】

《金秋拾穗》出版说明

白庚胜先生是现任中国作家协会副主席,又是文学家,社会学家。还是一位谙熟"中国非物质文化遗产研究"的学者。在二十世纪八九十年代,出版过《〈黑白战争〉象征意义辨》《揭开玉龙第三国的秘密》《江南稻作起源传承研究》《东巴神话象征论》等几部著作,出版的《云贵高原文化》史料价值很高。其中《金秋拾穗》的内容基本上收集的是白先生晚年所写的随笔、序跋、读书札记等,有的含有很高的史料价值,有的则体现出深厚的学养,还有不少文章谈及故乡、思亲人、恋故土等,意趣盎然,颇得读书人喜爱。今将《金秋拾穗》推出与读者分享。

××××出版社编辑部

(七)内容提要

内容提要是对一本书的扼要介绍,它一般置在扉页后面或书籍封底,也有的放在封面勒口上,它的作用是帮助读者了解书籍内容,引起他们阅读兴趣。

写内容提要应该注意以下几点。

1. 既称提要,就要求文字精练。

2. 内容应反映本书的主要内容或中心思想和本书的特色。各类书籍应该有所侧重。

3. 忌长、忌空洞、忌跑题、忌夸张。

【例】

《红岩》内容提要

读过小说的人,《红岩》对在敌人牢笼中度过十四个春秋的"疯老头"华子良记忆犹新。华子良如何逃出白公馆回到解放区,这部小说有着生动的描写。他只身越狱,机智斗敌,忽而山重水复,忽而柳暗花明,一路风雨,一路艰辛。故事离奇而可信。人物传奇而不失其真。使人在重温革命历史、在革命传统教育中,得到美的享受。

(八)书讯

书讯,也称广告。是对于一本书的报道,它可以简单到用一两句话报道书籍的出版,也可以对图书作较详细的介绍,包括内容提要、出版的背景、作者的情况等。鲁迅先生经常写书讯。下面是鲁迅亲自拟的两则书讯。

【例】

《三味书屋》广告

这其实是一部散文集,共分四章。现经我以照例的拙涩的文章译出,并无删节,也不至于很有误译的地方。印成一本插图五幅，实价五角，在初出版两星期中，特价三角五分。但在此期内，暂不批发。北大新潮社代售。

鲁迅告白。

【例】

《引玉集》广告

敝书屋搜集现代版画，已历数年，西欧重价名作，所得有限，而新俄单幅及插图木刻，则有一百余幅之多，皆用中国白纸换来，所费无几。且全系作者从原版手拓，与印入书中及新版翻印者，有霄壤之别。今为答作者之盛情，供中国青年艺术家之参考起见，特选出五十九幅，嘱制版名手，用玻璃版精印，神采奕奕，殆可乱真，并加序跋，装成一册，定价低廉，近于略本，盖近来中国出版界之创举也。但册数无多，且不再版，购宜从速，庶免空回。上海北四川路底施高塔路十一号内山书店代售，函购须加邮费一角四分。

三闲书屋谨白

从这两则广告（也是书讯，也是介绍）中可以看出鲁迅对读者负责的精神，讲真话的精神。他非常重视社会效益。这些都是我们应该学习并发扬的。对于书籍的内容提要、内容介绍、书讯，我们应该把它作为推广书籍的广告，使其发挥最大宣传效益。

二、编辑应用文写作不同于其他类文章写作

编辑应用文的写作，跟其他文章写作相同的是既要懂得写作知识，也要有技能技巧；不同的是不但要懂得怎样写作编辑应用文体，还要懂得如何巧妙地、恰如其分地、反映真实内容地书写不同类型的应用文。编辑应用文是编辑必须掌握的一项基本功，它在编辑过程的各个环节都是不可缺少的。编辑应用文包括的形式很多，限于时间，这里只是重点讲了几项，其他的后续与大家共同探讨。

第六节　编辑与读者关系及图书宣传

编辑与读者的关系是图书出版环节中的一个重要环节。图书是否能最终到读者的手里，是体现编辑价值实现的最终表现。所以，编辑一定要关心读者。编辑关心读者，最重要之处莫过于善于体察读者的求知需要，编出读者需要的好书，并且利用可能的种种形式，精心地向他们宣传介绍自己所编辑的新书。当前，我国每年出版几十万种图书，读者如置身书海的情况下，图书宣传这项工作，显得越来越重要。

有相当数量的编辑，十分重视图书宣传工作，人们可以从他们所编新书的各个附件（如出版说明、勒口广告等）和他们主动撰写的广告文字、内容简介和书讯书评中看出来，这是极有事业心的编辑。但是，也有一些编辑认为，编辑只要把书编好就算完成了任务，至于宣传图书，那是出版社市场部或书店的事，用不着编辑来做，这种认识是不够全面的。还有少数编辑，或对读者缺乏热情，不愿多干这种"额外"的工作，或以为作图书宣传降低了自己的身价，这种认识就更不可取。

一名编辑，要立志在一生中为读者编出若干本高质量的佳作来，要立志成为一名受读者爱戴的编辑家，应当把读者看作自己的"上帝"，不仅精心编书，而且热心宣传书。

一、编辑与图书宣传

（一）编辑通过图书宣传为读者服务，尽量扩大优秀图书的社会影响

在现阶段，我国有8亿多读者市场。怎样让几十万种图书被需要它的读者买到，如果只是通过书籍传统的渠道自然传播，速度显然太慢，必须通过多种宣传媒介和渠道去快速传播。编辑，是图书的第一个

宣传者。在日常编辑中，编辑的几个方面的工作，就已经在为图书做宣传了，那么如何将这几方面做得更好？

1. 撰写内容提要（或叫内容介绍）。这是一本书在出版前的第一篇宣传文字，字数不能超过二三百。这篇短文章不是给买书的读者看的，而是给订购这本书的书店业务员、图书馆或资料室的采购员看的。一本书第一版的印数，就靠这300字定夺。加上书店业务员一个人每天要看两万多字的内容提要，琢磨每篇短文章的时间不可能太多，因此，编辑精心撰写的这篇文字就成了关键。如果书店业务员看了以后觉得简明扼要、重点突出、通俗易懂，他就可能提出准确的预订数，倘若他觉得书名难记、内容难懂、读者对象难找，他就会由于难以预测销售数而一本也不订。现在，有的基层书店建议汇编"内容提要"并进行评比，同时，让书店业务员评选写得好的内容提要。这些呼声，都可以看作书店对内容提要的一种信息反馈。

2. 撰写出版说明。需要在一本书出版之前完成，也是在出版之后读者第一眼见到的宣传文字。读者往往根据这篇文字中所介绍的出版意图、读者范围和内容特点等来判断本书的价值并决定买或不买。同时，这篇文字也可反映出一个编辑的责任心和编辑成熟程度。当然，一本书是否需要加出版说明，要视具体情况而定，也不是千篇一律都要出版说明。

3. 撰写书籍广告。这种书籍广告，字数的伸缩性很大，由几十字到三四百字不等。既可作为预告登在出书前，也可登在出书后。这种短小的篇幅，要求不落俗套、引人入胜，作起来是比较难的。书籍广告文字写得要精彩，有名人效应的最好。如果能邀请到大作家，经过大手笔精心撰写广告，就更有价值了。

4. 撰写书讯、书评。是一本书出版后快速的宣传活动之一。这种宣传形式要比其他形式受欢迎，因为有保存价值。现在，许多编辑都主动写书评，这是值得称道和鼓励的。有的重点书，编辑除写文章评介外，还要邀请专家或名人再写书评文章，扩大优秀图书的社会影响。薛暮桥著的《中国社会主义经济问题研究》出版后，责任编辑和经济理论界先后写文章评介，销售数量由5万册增加到960多万册。

值得一提的是书评文章要写得中肯，要有新意，要实事求是，既评论书中的优点和特点，也评论书中的弱点、缺点甚至错误。任何言过其实的吹捧，只会贻误读者、贻害作家，得到相反的宣传效果，甚至影响出版社的形象。

（二）编辑通过图书宣传检验自己的工作，提高自己的水平

一本书经过上文所提到的一些宣传文字的宣传，读者根据自己的需要和爱好就会买去读。读者看了书之后的第一反应，就是这本书的质量高不高（包括学术水平、文字水平、出版水平，等等），他买得值不值。如果书的内容好、质量高，他会称赞作家写了一本好书，也会感谢编辑编了一本好书，图书宣传做得实在。他若会写文章，就会把读后感发在微信微博等多媒体平台，对这本书再作评论，通过网络传播给他周围熟悉的人，使图书多一个免费的宣传者和推销者。

如果书的质量不高，内容平庸，甚至有缺点、错误，读者看了之后也会很快反映出来的，在读者中流传；与此同时，他还会批评有关这本书的宣传文字不合理。

从这里可以看到，编辑书稿和撰写书籍宣传文字，无论是长篇或短论，都需要认真的、实事求是的精神。稍有不慎，政治上、逻辑和文字上都可能产生问题。而且编辑通过自己所作的图书宣传可以看看自己编的书受不受读者的重视和欢迎；编辑通过读者对书籍和图书宣传的反映，可以检验自己的编辑工作有没有改进和提高。

（三）编辑通过图书宣传贯彻党的出版方针，反映出版工作的面貌

编辑是通过所编的书来贯彻党的出版方针的。但是，一本书要引起读者广泛的重视，还得靠图书宣传，如出版说明、简介、评论，等等；或者说，图书宣传可以向读者推荐内容丰富、观点正确的好书，更快速地贯彻党的出版方针。

图书宣传的普遍开展，形成一浪接一浪的读书热潮。诸如哲学热、心理学热、外语热、武侠小说热，等等。这种热度，往往瑕瑜互见、色彩纷呈，也是出版工作面貌的一种反映。

从上述三个方面可以看出，编辑是辛苦的。他不仅要编好书，还要为书作宣传。编辑只有积极宣传图书的热情还不行，还得知道图书宣传的主要形式和写作要求。所以，许多人都把编辑出版工作称作献身的事业。的确像这样浩繁而又具体的工作，一名编辑没有十分的献身精神，是难以持久的。

二、图书宣传的主要形式

（一）文字方面的宣传

如内容提要、书籍广告（其中又分集约式广告、单一式广告、专题式广告等）、新书目录（其中又分综合目录、专题目录、单页目录等）、单页宣传品、书讯专刊、新书消息、新书介绍、书评、网络多媒体等。这些有文字可供保存的宣传形式，读者最欢迎，因为它不像其他宣传形式（如声像）那样转瞬即逝。尤其是图书目录，读者更需要。国外一些出版业发达的国家，编印的书目有三个特点，一是种类多（综合的、分学科的、月度的、年度的、单页的，等等），印刷精美；二是凭书目可以买到书；三是主动把书目及时送到读者手中。这三点处处方便了读者，是值得我们借鉴的。

（二）声像方面的宣传

如电台广播、电台专访、电视新闻、电视专题介绍、电视剧、电视广告、多平台的新媒体宣传，等等。

这些形式的特点是覆盖面大、传播速度快。一本书经电台或电视台、网络媒体一经传播，全国几亿人都知道了。如小说《新星》改编为电视剧播放，引起全国城乡的轰动。在电视机、多媒体设备普及城乡的今天，出版界怎样充分地利用其作图书宣传，是值得我们重视的。比如，全国五百多家出版社能不能集资包中央电视台一个频道，专门播放新书消息、作家专访、编辑谈书、各种讲座、小说改编的电视剧、诗歌朗诵会、读者座谈会等节目，或者共同构建一个网络平台，专业读书网，介绍好书等。这样做，既活跃了出版工作，又增加了文化气氛，是很可商讨一试的。

（三）出版社与读者直接交流宣传

如专题座谈会、读书报告会、新书消息发布会、新书发行仪式、读书服务日、读书俱乐部、书评活动日、新书评选评奖、图书博览会、图书展销会，等等。

这些形式的特点，是出版社直接与读者见面，覆盖面虽然不及声像形式大，但是信息反馈快，对出版社编制新的选题、改进编辑工作很有促进作用。

（四）加大对农村的图书宣传

上述几种图书宣传形式，绝大部分都是为大中城市服务，如何深入农村宣传，使图书进入千家万户，是值得出版界重视和研究的课题。据县、乡书店的经理说，图书宣传要讲究实效，报纸上登新书广告、发书评文章固然好，但农村中看到的人不多。有些县、乡书店曾在本县、乡的电影院放映电影之前，放映几张新书消息的幻灯片，在县广播站播发新书消息，宣传效果比在报纸上登新书广告的好，而且费用低廉。好在现在的互联网已经普及到了千家万户，农村的网络用户也达到了80%以上，对社会各方面信息的了解也是及时的、快速的。国家为了农村文化建设投资很大，比如：农家书屋、东风工程等项目，都是政府采购图书，政府建立农村图书馆，帮助广大农民学习，丰富精神文化，掌握农业先进科学技术。

目前，全国农村中有几千万大中专毕业生从事各种农副业生产与销售，如果加上在校的农村中小学生群体，需要各种新书的人数就更多了。可以说，全民文化素质提高真正的难点就在农村。农村虽然不是被图书宣传遗忘的角落，但也说不上是已被重视的地方。我们应当为农村青年求知做点实实在在的工作。

三、关于图书宣传的写作要求

（一）图书宣传文字要深入浅出

不论是介绍通俗社科读物，或社科理论著作，文字都应当准确、简明、通俗、生动。因为读者在看到新书之前，主要通过有关的宣传文字去评价图书，或者引起对它的阅读兴趣。空洞的形容和深奥的罗列，使读者不得要领，都达不到宣传效果。

图书宣传文字除书评允许写长文章外，其他的大都是短文章。一般说来，长文章好写，短文章难写。具有经验的编辑说，写书籍广告文字和内容介绍，要有誓言的诚实，新闻的通俗，电报的简洁。这是颇有见地的经验之谈。

（二）图书宣传文字要别出心裁

每一篇图书宣传文字，都必须认真构思和精心撰写，不要写千篇一律的八股文章。尤其是具有决定一本书第一版印数的内容提要，不要总是写成"本书以……为指导，深入地阐明了……，内容丰富，文字流畅，引人入胜，雅俗共赏"，应当根据每一本书的不同特点，把内容提要和书籍广告文字等撰写得千姿百态，活泼清新。

从上述讲的写作要求来看，是大家都熟知的，因为这些要求大家都了解。但是，在实际工作中，了解是一回事，能不能每次都在图书宣传文字的谋篇布局方面下功夫又是另一回事。可见，重视图书宣传文字还是有必要的。在图书发行体制逐渐变化和信息交流不断变快的今天，出版界都先后开始重视图书宣传工作。出版社在图书市场的活跃程度，主要看宣传手段的多样性和宣传特色是否新颖。

第八节　编辑业务的管理

一个出版社大体由三个部分组成：编辑部门、出版发行部门和行政管理部门。一部书稿的出版，这三个部门承担着不同的任务。编辑部门负责确定选题、组织编写、审读加工、排版、校对、印刷到成书；出版发行部门负责组织图书宣传、推广和销售；行政管理部门的工作则主要起保证和协调作用。不论哪一部书稿都必须经过这些工作环节才能成书，因此，这些部门是有机的组合，缺少哪一个部门都不行。

出版社的行政管理部门大致又可以分三个方面：行政管理（包括财务、后勤等）、人事管理和业务管理。这三个方面各有不同的分工，负责一定范围的工作。

一部书稿从确定选题、组织编写到成书要经过很多工作环节和部门，各个部门和环节的工作能否互相配合，使出版工作有秩序地进行，主要依靠管理工作。因此，各项管理工作又像一条线似的把整个出版社各个环节串在一起，为一个共同的目的服务。

编辑业务管理工作一般都是由总编室负责处理。总编室是一个管理部门，也是为编辑工作服务的部门。它的任务之一是协助总编辑处理各种有关编辑业务的日常工作。它所担负的编辑业务管理工作，习惯称为编务工作。

编辑业务管理工作是出版系统中特有的一项内容，因为出版工作所从事的是精神产品生产，精神产品的生产不同于其他商品生产，它以社会效益为最高准则。出版社办得怎么样，从出版的图书可以反映出来，"编辑工作是出版工作的中心环节"，出版的图书如何，首先是对编辑工作的检验。做好编辑工作是办好出版社的重要方面。

做好编辑工作，除了编辑本身的工作外，应该包括编辑业务管理工作在内。编辑业务管理免不了涉及许多事务性的工作，正是从做好各种事务性工作中来进行管理的。编辑业务管理工作要处理很多并不只是属于某一编辑室的某一部书稿的事务，而有许多工作是综合性的与编辑工作有关的自成系统的工作，如：计划管理；版权管理；各种信息的收集、汇总和利用；书稿档案和样书的收集、整理和保管等。既为编辑工作服务，工作又有一定的独立性。下面介绍一下编辑业务管理的几项主要的工作。

一、运用计划管理进行宏观控制

我们国家对出版社实行专业分工，每个出版社都有一定的出书方针和任务，并根据确定的出书方针和任务组织编辑力量，提出选题，安排各项工作。通过对计划的管理进行宏观控制，是掌握出版社出书方针、任务的有利条件。比如，人民出版社的出版任务第一条是出版马列主义经典著作和事关国家大政方针以及服务于地方政府的相关图书。这么多年，出版社编辑工作人员换了好几茬，却始终不渝地把这项任务放在编辑出版工作的第一位，并且作出了一定的贡献。是因为我们工作是有计划的、有目标的。有了计划，出版社的方针任务就具体化了，出书的目的性更明确，有利于组织著译力量，有利于提高书稿质量，也有利于均衡地组织生产。

出版社要实现方针任务，总有长远设想和近期计划，各个部门围绕总的目标，拟订各种计划。编辑部门拟订选题计划、发稿计划，和出版部门共同确定出书计划。出版部门根据发稿计划和出书计划拟订发排计划、付型计划、用纸计划。财务部门拟订财务计划等。

怎样运用计划管理来进行宏观控制呢？第一，重视选题的质量。选题计划是出版社各项工作的基础，好比工程师设计一座建筑物的蓝图，这一建筑物的质量、效果如何，决定于蓝图的构思。一部书稿也一样，这本书的质量、效果如何，决定于选题设想以及选择写作的对象是否合适，因此，我们把它比作出版社各项工作的基础。选题计划必须履行个别报批手续，这是保证选题工作更好地符合出版社的出书方针和任务的重要环节。第二，各类图书出版数量要有规划比例。为实现出版社出书方针和任务，协调局部和整体的矛盾，根据书稿性质、内容和需要情况，分清轻重缓急，突出重点项目，作好统一安排。

做好选题计划的登记、汇总、协调工作，使发稿计划、出书计划的编制有了依据，可以作出具体的安排。还可以预测一段时期里出版社将出版些什么书，使目标和任务有机地结合起来。

实行计划管理，既要注意严肃性，按规定履行必要的手续，又要注意主、客观方面情况的变化，有一定的灵活性。如某个选题，主、客观条件发生变化，不能实现时，可以撤销，也可以根据新的情况，补充新的选题。

实行计划管理，便于检查各方面的工作，如选题计划、发稿计划和出书计划的执行情况，一定时期分别作一次检查，发现问题，及时进行调整。计划，也是体现出版社各方面力量的组合。各项计划切实衔接好，就要求认真按计划安排工作，尽可能切实可靠，计划落实才有保证。

出版工作实行计划化，是新中国成立以后，党和国家为发展出版事业提出的一项重要措施，也是社会主义出版事业的一个显著特点。早在1952年10月，出版总署就在所颁发的《关于国营出版社编辑机构及工作制度的规定》中要求国营出版社"必须作出全年的选题计划、编辑计划、发稿计划和出书计划；并须根据全年计划拟定每季每月的计划。"1952年11月

27日，出版总署又专门发了《实行出版计划的初步办法》，把出版工作实行计划化作为制度规定下来，并要报主管部门审核。1980年中共中央宣传部转发国家出版局制订的《出版社工作暂行条例》第三条提出"制定出书规划和计划，是加强出版工作的目的性、计划性，调动著译者的积极因素和提高图书质量的重要措施。"1983年6月，中共中央、国务院关于加强出版工作的决定中指出"加强计划性，做到保证重点，填补缺门，重视普及，注意提高，克服盲目性和自流现象。"

计划管理的目的，是使出版社的出书方针和任务能得以实现，只有紧紧抓住这一点，计划管理工作才有活力。目前，出版社之间开展横向联合，一些大型丛书采取统一计划分工出版或联名出版的办法，计划管理如何适应新的情况，这是需要摸索和探讨的。

二、掌握书稿工作进度，做好具体安排

一个出版社有若干编辑室和许多编辑分头在做书稿的编辑工作，进度不同，有的在编辑加工，有的作者在修改，有的还只是个题目待约定作者，等等，情

况复杂多变。而每一部书稿从选题、组织编写到出书，过程很长，一般两三年，有的甚至十年八年，时间很长，如果不抓紧，说不定有可能在哪个环节上搁置下来。所以掌握千头万绪的书稿进度，作出具体安排，使工作有秩序地进行，减少差错，是一门学问。我们虽然在努力作，但是问题还是不少，没有摸出一套成熟有效的经验。总的来说，这方面管理的重点是抓工作效率，首先是时间。出书的时机是个关键问题，如果失去时效，"展望"成了"回顾"，还谈什么社会效益。因而掌握书稿工作的进度，特别是书稿到了编辑手里以后的进度要有所安排。在管理上主要是掌握重点书稿的进度情况，因为重点书稿最能反映出版社的出书特点。如全年有多少重点书稿，经过审读加工有多少可以发稿，分到每个季度有几种，每个编辑室有几种，进行到什么阶段，有什么问题。重点书稿作了安排，对计划能否落实，心中有数，其他的书稿也就好安排。

抓进度要兼顾质量。任何企业都重视产品质量，有的工厂就在厂门口竖了一块"质量第一，信誉至上"的牌子。图书作为精神产品更要重视质量问题。图书的社会效益首先体现在质量上。一本内容很重要的译著，若错误百出，错字连篇，不可能发挥它应有的社会效益。提高图书质量，这是图书作为精神产品所决定的。为保证图书质量，各个出版社就编辑工作拟订了相应的制度和规定，在管理上严格按规章制度办事。如坚持三审制，没有经过三审的书稿不能从总编室发到出版部。没有完成编辑加工工作，没有达到"齐、清、定"要求的书稿不发稿；即使做了具体安排，如果不能达到质量要求，也不能迁就，不然因返工而造成的损失将更大。

三、通过版权管理，处理好与著译者的关系

"社会主义的出版工作，是出版工作者和著译者共同的工作，要搞好出版工作，必须依靠从事思想、理论、科学、教育、文化工作的宏大队伍。出版部门要广泛地团结和组织各方面的专家、学者，包括各学派、各流派，专业作者、业余作者，并要注意发现和培养新生力量。要热情支持和推动他们搞好创作、编著和翻译，为他们提供必要的条件，并保障他们的权益。"（1983年6月中共中央、国务院关于加强出版工作的决定）这是我们做好这项工作的指导思想。

版权、稿酬、合作出版都是涉及著译者的精神权益和经济权益，在管理上要保护著译者的权益，这和维护出版社的权益是一致的。这是做好作者工作的一个重要方面。

版权和合作出版都是新的工作。版权保护的范围很广，除图书、期刊、报纸外，还包括录音、录像、广播以及电子计算机程序、数字版权等。很多问题还在摸索中。在图书出版方面，一本书稿形成，就产生版权问题，和编辑有关的主要是三个方面：一是确认作者身份，图书、期刊版权试行条例规定"作品上署名的人应视为作者"。从图书来说，就是解决署名问题。书上署名是表明著译者的劳动和责任，参加本书稿的撰写人有权在书上署名，至于如何署名，可由作者决定是署本名、化名或不署名。多人合著合译的作品，如何署名，署名次序，编辑根据写作实际情况，和著译者商量确定。对书稿提过修改意见或提供资料的，可在前言或后记中交代，不能在封面、扉页或版权页上署名。二是要保护作品的完整性，编辑审稿时认为需要删改或作某些补充，应向作者提出来，请作者修改，编辑不要随便改动作者的作品，或把自己的观点强加于人。同时，又要注意作者有没有侵犯别人的权益，如抄袭别人的作品或一稿多投，侵犯了出版社的权益。三是实事求是地提出计酬标准。编辑要根据作者付出的劳动、书稿的质量、社会效果等因素全面衡量，确定一个比较合理的标准，使作者的权益得到切实的保护。关于稿酬问题下面再讲。

我们国家的著作权法，1984年6月经文化部批准，颁发了版权试行条例；1990年9月7日第七届全国人民代表大会常务委员会第十五次会议通过著作权法；2001年10月27日第九届全国人民代表大会常务委员会第二十四次会议《关于修改〈中华人民共和国著作权法〉的决定》第一次修正；2010年2月26日第十一届全国人民代表大会常务委员会第十三次会议《关于修改〈中华人民共和国著作权法〉的决定》第二次修正；2020年11月11日第十三届全国人民代表大会常务委员会第二十三次会议《关于修改〈中华人民共和国著作权法〉的决定》第三次修正。

学习著作权法主要任务是组织编辑同志学习、理解著作权法，有法的观念，自觉地在工作中运用。

合作出版这是对外进行文化交流的一种方式，通过合作出版可以打开我国书籍在国外发行的渠道，向国外读者宣传我国传统文化、经济建设成就，对国际市场也有所了解，还可借鉴国外在编、印、发方面的长处，促进和推动我们的工作。在书稿内容编选方面，要考虑适合国外读者的需要，和国外合作出版的协议按规定都要报上级审批，签订协议以后，按协议办事。

关于稿酬，国家规定了统一的标准和办法。稿酬办法是1950年12月开始，70多年来随着政治形势的变化，几经周折。最早实行的是定期报酬（定期为两年，两年期间不论印数多少付稿费一次，两年满续印时再付稿费一次）或定量报酬（按不同类别的书籍印数定额付酬），由作者选择一种；1953年5月实行按书稿的性质、质量及印数分类定额付酬；1958实行基本稿酬同印数稿酬相结合的办法；1964年取消印数稿酬；到1966年6月干脆取消了稿酬办法。1976年以后，恢复稿酬办法，后又修改了两次，也是基本稿酬同印数稿酬相结合的办法。1984年12月实行的稿酬办法，比过去历次付酬办法更具体。最新的稿酬管理办法是1990年7月1日起实行的。规定计酬界限以版本记录页上的出版日期为准，出版社已接受出版的著译，属于非作者原因未能出书者，出版社应按该书稿基本稿酬的30%至50%付给作者著译费（书稿归作者所有）。出版社主动约稿，但因稿件质量不合格未能出书者，出版社视具体情况，酌付少量的约稿费。规定对已故作者稿酬的继承问题，按以下规定办理：（1）著译者死亡在30年以内者，出版其未曾发表过的遗作，付基本稿酬和印数稿酬；再版只付印数稿酬，不付基本稿酬。（2）著译者死亡超过30年者，重印其作品不再付基本稿酬和印数稿酬。出版其首次发表的遗作，仍付基本稿酬和印数稿酬。（3）支付基本稿酬以千字为计算单位，不足千字的作千字算。诗词每10行作千字算（曲艺等韵文体行数计算从诗词）。旧体诗词稿酬可酌量提高。乐曲、歌词、画稿、地图等付酬办法，另定。出版者同著译者应签订约稿合同或出版合同，是否预付稿酬，由合同约定，但书籍出版后，应在一个月内付清全部稿酬，每次重印应在出版后一个月内结付印数稿酬。书籍出版后，出版社应送给著译者样书，一般性的书籍可送10至20本，情况特殊的可以酌增酌减。对著译者购书应予以优待，在100本以内者，可以按批发折扣售给。情况特殊者，在售书数量上可酌增酌减。

稿酬体现著译者的经济权益，关系到调动知识分子积极性的问题，这是一项政策性的规定，所以由国家统一拟订有关规定，作为各个出版社共同掌握的标准。因此，在管理上，要严格按规定办事。稿酬支付的原则是按劳付酬，作者在创作过程中付出多大的劳动，从书稿性质、书稿的质量可以反映出来。其中付酬标准有一定的幅度，由出版社根据书稿性质、质量来确定。这是衡量稿酬的唯一标准。在这方面决不能以书籍销售的盈亏作付酬标准，书籍销售的盈亏受着多种因素的影响，畅销书不一定都是高质量的书，印数少的也不一定就是质量不高。如果以盈亏作为付酬高低的标准，岂不是鼓励什么书能赚钱就出什么，而真正有价值但不一定能畅销的书得不到应有的报酬了。正确掌握稿酬标准的作用，还在于要保护作者创作的积极性。在掌握稿酬标准时，对专业研究工作者和业余作者要一视同仁。一些专业研究工作者结合自己的工作从事研究和创作，有了新的成果，应该和科学发明一样，受到奖励和鼓励。目前在社会科学方面还没有这样做，他们的作品出版后拿到一点稿酬，属劳动所得。其中可能会有一些矛盾，也不是出版社能解决的。严格按规定办事，就是维护著译者的经济权益；同时，也要维护出版社的权益。从全局考虑，性质相同、质量近似的书，付酬标准大致平衡，不能出入太大。出版社按版权条例和稿酬办法，支付著译者劳动报酬，取得了使用这一著作的权利。在这前提下，双方利益是一致的，如书籍不能随便翻印、发行等。出版社不能随意抬高稿酬拉稿子，或者以利润分成的办法作为条件。这不仅违背了国家规定的标准，而且腐蚀了人们的思想，助长了不正之风。这种做法，个别编辑、作者多受益，但不能保护绝大多数著译者的经济权益，对整个出版事业来说是不利的。现行的基本稿酬标准：原创作品为每千字 80~300 元；改编作品为每千字 20~100 元；汇编作品为每千字 10~20 元；翻译作品为每千字 50~200 元。

四、信息的收集、交流和利用

做好编辑业务管理工作，必须加强信息的收集和整理。当前，信息在出版工作中具有重要作用，已经是大家的共识，但是如何做好信息的收集，使其发挥作用，还存在不少问题需要研究。信息来源很广泛，从编辑工作来讲，收集和交流各种信息，是为出好书服务，调查了解与编辑出版工作有关的各种情况，加以分析研究，然后提供给出版社有关领导和部门参考。要做好编辑工作，没有信息不行，不了解情况，工作的盲目性会很大。收集可靠的信息，首先要理解党和国家当前工作重点和方针政策，以及有关文化教育、宣传、出版方面的文件、领导同志讲话的精神。出版工作是思想教育工作，要宣传党的方针政策，并用以指导工作。其次，了解当前社会科学方面的研究成果、动态，著译者近况、写作计划等。要求编辑在与著译者的联系、交往中，在参加各种学术活动中，积极收集搜索有关信息。第三，从读者方面来的建议、意见、需求以及图书发行过程中反馈来的各种情况信息。此外，还有兄弟出版社有关编辑出版方面的新鲜经验和畅销图书信息，都是重要的信息来源。

对各种信息要分析研究，从中筛选有用的，不要被假象所迷惑，作出错误的判断。信息收集中要善于抓住新的情况，使工作适应新情况的发展。通过信息交流，沟通各方面的情况，使各有关部门在完成任务方面步调一致。

五、做好书稿档案、样书收集、整理和保管工作

书稿档案记载了每一部书从选题、组稿到编辑出版的全过程及相关的文件资料,这是编辑出版工作中形成的历史记载,是出版社宝贵的历史财富。1980年中共中央宣传部转发国家出版局制订的《出版社工作暂行条例》有关编辑工作部分中专门列了一条:"出版社编辑部门要建立和健全书稿档案制度"。还规定了书稿档案应包括的内容,"每一书稿都应有完整的档案,其中包括从组稿起直到出版时止的全部有关文件,以及重要的读者反映和评论、检查质量记录、修订样本等完整的原始资料。"国家档案局和国家出版局在同年还专门发了一个文件,要出版社建立和健全书稿档案制度。

书稿档案是了解一本书来龙去脉全部历史的第一手资料。因此,要求记载真实,收集齐全,出书后整理归档。在管理上要保护书稿档案的完整性。从选题开始立卷,到书稿出版前,档案存在编辑室或编辑手里,这一阶段主要依靠编辑收集和保管,搞编务工作的员工经常去帮助清理,督促编辑随手做好收集整理工作。出书后,全部档案经编辑整理交来,还要重新检查,然后编码、编目、装订、立卡、归档。如果无人负责,容易散失漏遗,形同虚设,这样的书稿档案不能发挥作用。重视这个工作,管理得好,书稿档案可以发挥很大的作用：

第一，为做好编辑工作提供必要的依据。很多编辑在审稿时写了详细的审读意见和有关记录，对书稿提出了基本评价、修改方案以及处理意见等，其中也包括涉及编辑工作的一些问题。这些都是总结工作、改进工作的依据，也是培养青年编辑很重要的材料。

第二，是了解编辑工作的考查材料。如出版社评选优秀图书、评定职称，书稿档案都是很重要的依据。

第三，是判断作者权益的根据。一本书稿的作者权益争执问题，有的当时不一定表现出来，若干年后才发生问题，依靠书稿档案可以查清事实。

第四，是研究出版社历史的宝贵材料。图书出版之后，在社会上流传，成为社会主义精神文明建设的重要内容的一个组成部分。而它是怎样创造出来的，则记载在书稿档案中。书籍在发行一段时间后，无货时，可以不断重印。新书问世，样书收集齐全，也是一份完整的档案资料。举办的全国书展，检阅出版工作的成绩，可以看出编辑出版工作在为社会主义精神文明建设中所起的作用。好比建筑一座大厦，从事编辑业务管理工作的，在这中间也作了添砖加瓦的贡献，对出版的每一本新书都有特殊的感情，因为有编辑业务管理者的劳动在内。编辑是为他人作嫁衣裳，而从事编务工作的是为做嫁衣裳的做辅助工作。总之，出版社是为作者、读者以至全社会做服务工作的，做好编辑业务管理工作是整个服务工作的重要一环。

第三章 图书的市场营销

图书的出版和发行,是互相依存,不可分割的整体。离开了出版,巧妇难为无米之炊,图书流通就失去了存在的意义;反之,出版离开了图书流通,就切断了同读者的联系,出版物也就失去了它的生命和价值,出版社的出书目的也就无法实现。

出版物市场的概念:出版物市场有狭义和广义之分。狭义的"出版物市场",是指具有一定的场地和设施的出版物交易场所。如出版单位发行部门、图书批销中心、书店、音像店、书亭、报刊摊、网站等,定期或不定期举办的各种图书博览会、图书订货会、书市等,都是出版物市场的组成部分,出版物商品最终都借助这些场所到达消费者手中。广义的"出版物市场",是指出版物商品交换关系的总和,包括出版物商品的供给者和需求者在实现出版物商品交换过程中相互作用而形成的各种关系。出版物商品的供给者,包括出版物的出版者与发行商。出版物商品的需求者即消费者。这里,将从发行人员的职业道德、图书发行的历史、图书发行市场、图书发行管理条例四部分来分析图书发行行业。

第一节　发行人员的职业道德

我国对出版物发行员有职业道德要求，也即职业道德原则。是出版物发行从业人员必须共同遵守的职业准则，也是图书发行管理制度的重要组成部分。主要包括以下内容：

自觉遵纪守法，坚持为人民服务、为社会主义服务的方针；追求优质高效，全力奉献精品；崇尚敬业爱岗，提倡自重自尊；注重勤俭工作，实行规范经营；讲究文明服务，交易公正平等；重视客户利益，言行诚实守信；努力钻研业务，工作精益求精；学习现代科技，勇于开拓创新。

1. 自觉遵纪守法，坚持为人民服务、为社会主义服务的方针，是提高和加强出版物发行员职业理想、信念、法规、纪律方面修养的基本要求。要求出版物发行员不断增强法律意识，遵纪守法；不断提高政治思想觉悟。

2. 追求优质高效，全力奉献精品。是对发行员追求和业务规范方面修养的基本要求。要求发行人员切实做到向广大群众提供导向正确、质量优秀的出版物和真诚周到的服务。

3. 崇尚爱岗敬业，提倡自重自尊，是培养和提高从业者职业标准、情感、责任、意志方面修养的基本要求。要求发行员不断树立热爱发行工作的事业心，努力学习业务知识和职业技能，干一行懂一行、通一行，在学习和实践中培养对本职工作的感情，巩固爱岗敬业的职业情感基础，树立勤勤恳恳、兢兢业业的工作态度，自重自尊的工作作风。

4. 注重勤俭工作，实行规范经营。是发行员在经营方面的基本要求。要求发行员勤俭节约、反对铺张浪费，按照行业约定俗成或明文规定的标准行事。

5. 讲究文明服务，交易公正平等。文明服务是发行员职业道德和行为规范的重要内容，要想消费者之所想、急消费者之所急，所有工作都必须以能否给消费者提供最佳服务为唯一的衡量标准。

交易公正平等是指要对所有的消费者一视同仁，公正平等交易。

6.重视客户利益，言行诚实守信。是对发行员服务理念和言行习惯方面的基本要求。要求发行员要充分尊重客户的利益，言行要诚实守信，不蒙骗客户，热心为客户服务。

7.努力钻研业务，工作精益求精。是对发行员业务素质和工作作风方面的基本要求。要求发行员努力钻研出版物发行业务，不断提高业务能力，树立对工作精益求精的作风。由于当代科学技术水平日新月异，图书种类急剧增加，各种销售手段层出不穷，因此发行员要想做好发行工作，跟上时代和行业发展，就必须不断地学习和钻研业务，提高工作水平。

8.学习现代科技，勇于开拓创新。是对发行员知识修养和工作能力方面的基本要求。要求发行员不断学习现代科学技术知识，用现代科学技术知识武装自己，开阔思路，在出版物发行工作中勇于创新。

第二节　我国图书业发展历史

一、古代图书贸易

我国出版物发行起源于图书的非商品流通，随着商品经济的发展演变为商品流通。其间，图书贸易经历了从萌芽产生、行业形成、繁荣兴盛到发展巨变的漫长变化过程。

我国商代末期（公元前 11 世纪）和春秋之间（公元前 770 年～前 476 年），先后出现了简策和帛书，这是我国最早的正式书籍形式。随着社会经济文化的发展，诸子百家（先秦至汉初各个学派的总称，诸子指各派的代表人物，百家指各个学派）著书立说以及私学（古代私人开设的学校）的创办，古代书籍开始具备了传播功能这就为书籍的流通创造了条件。我国最早的书籍买卖活动是从西汉时期开始的，公元前2世纪中叶，汉景帝在位期间，河间王刘德、淮南王刘安用高价征集民间藏书。汉武帝时期（公元前140年～前87年），官府用悬赏的办法鼓励民间向朝廷献书。当时书籍买卖活动的特点是买方为官府，卖方为民间，主要是征集散失的先秦古籍。

汉武帝后期至汉元帝初期（公元前140年～前40年），我国出现了专以售书为业的书肆。最早产生书肆的地点在首都长安，售书形式是贩书为业的人在集市摆摊，主要出售儒家经典和诸子百家著作。西汉末年（公元4年），我国出现了第一个书籍集市——槐市。在长安太学（汉代设在京师的全国最高教育机构）附近的槐树林里，每半月一次，成千上万读书人聚集在一起，交流学术，买卖经书传记，槐市约持续了10年。到了东汉，书肆中心转移到洛阳等大城市，出现了佣书（为官府抄书获取佣金的人），有的佣书集抄书、售书于一身，自抄自卖。魏晋南北朝时期，佣书业有了更大的发展，佣书业的发展，一直持续到隋朝末年。这前后600多年间，是我国书籍贸易的逐步产生时期。

东汉时期，纸写书出现。到了唐朝（7世纪~9世纪），社会安定，经济发展，书肆业也繁荣发展，我国书籍进入了印本时代。唐末，雕版印刷逐渐发展，专营书籍印卖的书坊也随之发展起来。唐代四川一带的刻书业最为发达，出售的雕版书籍主要有历书、字书、佛经、文集以及阴阳、占卜等，其数量、规模和经营方式都超过唐代以前。当时，长安、成都、苏州、扬州等地的书籍贸易很活跃，逐渐形成了一个行业——书坊业，这标志着我国古代图书贸易的兴起。

五代时期（907年~960年），雕版印本书更为盛行，国子监（简称国学，晋武帝始设，与太学并立，是为士族子弟另设的教育管理机构和最高学府）刻印儒家经典，公开出售。两宋时期（960年~1279年），涌现了许多书坊，宋版书以雕刻精良著称于后世，宋代是雕版印刷书籍印卖的繁荣时期。到了元代（1271年~1368年），书坊进一步发展。明代（1368年~1644年），一批专业书坊应运而生，民间题材小说开始面市，使读者群扩大，遂形成了北京、南京、苏州、杭州四大书籍集散地。到了清代（1644年~1911年），书坊遍及各省省城，一些大城市出现了集中售书的街

第三章　图书的市场营销

道，如北京的琉璃厂、南京的三山街、苏州的阊门等。在北京，有字号的店铺就超过百家，一些书店不再刻书，专门从事书籍贸易，这标志着我国古代书业有了长足的发展。

从西汉到鸦片战争的两千年间，我国出版各类书籍十多万种，展示出文明古国的风貌。我国古代图书贸易随着书籍的流传而产生，伴随着书籍品种、规模以及从业人员的扩大而成为一种社会行业。印本书的大量生产和社会需求的增长，促进了书籍销售业的专业化。清朝中期，外国传教士开始在我国香港、澳门、上海、广州、南京等30多个城市创办书店，同时也带来了西方印刷技术。传教士办的书店主要出版发行宗教读物和中英文对照字典，同时也翻译出版了一批西方科技著作和人文著作。其中，规模最大的书店是上海的广学会，它在北京、沈阳、西安、烟台等地都开设分支机构，在我国经营了50多年。

清朝末期，以曾国藩、李鸿章为代表的"洋务派"在洋务运动中设立翻译出版机构，其出版物也公开出售。同时鼓励各省成立官书局，印制了一批西方自然科学和应用技术书籍。以康有为、梁启超为代表的"维新派"，出于宣传的需要，也在北京创办了强学书局，主要印行并销售西学（清代称欧美的自然科学和社会政治学说为西学）新书。20世纪初，以孙中山为代表的资产阶级民主革命运动兴起。孙中山在日本创办《民报》向国内发行。上海的反清革命组织光复会出版发行邹容的《革命军》和陈天华的《猛回头》《警世钟》等小册子，风行海内外，传诵一时。19世纪末至20世纪初，我国近现代新书业逐渐兴起。辛亥革命前，较著名的书业机构有商务印书馆、有正书局、文明书局、荣宝斋等。商务印书馆创办于1897年，开始只承印账簿表册，后出版发行书籍，并相继在36个城市以及南洋开设分馆。1912年，中华书局在上海成立，并陆续在17个城市设立分局，从事书刊发行。商务印书馆和中华书局是靠民族资本创办的规模最大、影响最广的书店。此外，还有世界书局、开明书局等影响也比较大。这些书业机构大量印行书刊，并在规范、拓展教科书方面作出特殊贡献。从鸦片战争到"五四"运动的近80年间，我国书籍从传统的木刻为主的印制方式，向石印、铅印发展，由小生产经营方式向近现代新书业的经营方式转变，推动了生产力的发展，全国的新型书店、书局发展到近50家。

以上海为代表的民族资本纷纷创办印书馆、书局、书店。自清末至抗日战争前，上海出版的图书品种占全国的90%以上，报刊品种占全国的80%左右。20世纪30年代中期，上海全市有书店260家，堪称全国的出版物发行中心。其中，规模和影响最大、出版书刊最多的，当属"商"（商务印书馆）、"中"（中华书局）、"世"（世界书局）、"大"（大东书局）、"开"（开明书店）五大书店。在其他城市，以零售为主的民营书店在"五四"运动以后也得到一定程度的发展。民国时期，北京约有零售书店300家、书摊近百个，其中古旧书店约占半数。在南京、苏州、武汉、长沙、杭州、天津、开封、昆明、桂林、重庆等大中城市，都有书店、书摊集中的书店街。在济南、太原、沈阳、哈尔滨、西安、迪化（今乌鲁木齐）等省会城市，零售古旧书、新书、期刊的书店也较"五四"运动前有所发展。此外，安庆、保定、南昌、兰州、吉林、归绥（今呼和浩特）等省会城市也有一批中小书店出现。从民国初期到抗战前，西南各省城市的新书刊零售业并不兴旺，抗战时期成为大后方以后，曾一度出现繁荣。

进入20世纪30年代以后，在由进步人士创办的发行机构中，最著名的是邹韬奋创办的生活书店、钱俊瑞创办的新知书店和李公朴创办的读书出版社。1948年，三店联合组成生活·读书·新知三联书店。1937年4月，新华书店在延安的诞生，标志着中国共产党领导的出版物发行事业进入一个崭新的发展时期。

新中国成立的半个多世纪以来，党和政府为发展出版物发行业，作出了一系列重大决策：从中央到地方建立出版管理机构，统一全国新华书店，实行出版、印刷、发行的专业分工，确定报刊发行与图书发行的专业分工，在全国实行报刊"邮发合一"，在全国基层供销社增设图书发行业务，以及对私营出版业和发行业进行社会主义改造等。据统计，到1956年，全国新华书店已有售书点2105个，与1950年相比增长2.8倍；全国图书销售14.7亿册，销售额3亿元，与1950年相比，销售册数增长7.4倍，销售金额增长6.6倍。当年，全国供销社建立售书点23000多个，发到农村的图书较上年增长58%。新中国成立后，为了保护、抢救古籍，北京、上海两市的政府先后成立了国营中国书店和上海图书公司，专门经营古旧书刊。1956年，国务院和文化部发出专文，并召开座谈会，指示各地加强对古旧书业的领导，不少大城市恢复或建立了古旧书店。1949年12月，我国第一家图书外贸企业——国际书店成立，并在北京等9大城市设立了分店。在第一个五年计划期间，国际书店陆续在50多个国家和地区与370多家书店建立业务合作关系，共出口中外文书刊500多万册；书刊进口业务也有了较大开展，仅科技书刊一项，1956年的进口额较上年就增长了3倍。在初创阶段，报刊发行业得到了恢复和发展，全国邮政部门从报纸"邮发合一"扩大到报刊"邮发合一"。邮发初期，1950年发行报刊140种，报刊平均期发数是299.6万份，到了1953年报刊品种增加到477种，期发数增加到1595.9万份，从而奠定了报刊"邮发合一"的坚实基础。

1965年，全国售书网点总数达到5.21万个，销售图书18.58亿册，销售额4.528亿元，较1957年分别增加5.61亿册和1.42亿元。之后一直到改革开放期间，我国的图书发行行业进入了低谷期。

经过改革开放三十年后，2005年全国发行网点159508处，其中国有书店和国有发行网点11897处，供销社发行网点3200处，出版社自办发行网点585处，二级民营批发网点5103处，个体零售网点108130处。新华书店系统、出版社自办发行单位从业人员 16 万，其中国有书店及国有发行网点从业人员 15 万。全国新华书店系统、出版社自办发行单位出版物总购进 160.19 亿（册张份盒）、1276 亿元，总销售 157.98 亿（册张份盒）、1229.81 亿元，纯销售 63.36 亿（册张份盒）、493.22 亿元。

二、现代图书市场及阅读方式

进入 21 世纪，由于互联网的发展，我国的图书发行行业呈现出多方位、多渠道的面貌。主要发行渠道包括省级新华书店发行集团、邮政系统、民营发行企业、互联网发行渠道等。区域性的分销商从发行商处购得图书，并分发给零售商。零售渠道主要分为实体书店和网上书店，实体书店包括新华书店、民营书店、跨界书店等；网上书店包括当当、天猫、亚马逊、京东等。

据统计，2021 年图书出版企业总体营收规模 1455.97 亿元，同比增长 6.24%；净利润规模 171.43 亿元，同比增长 38.99%。2022 年第一季度营收规模 325.66 亿元，同比增长 10.01%；净利润 30.21 亿元。随着我国国民经济增长、文化消费支出增加，图书行业市场规模呈现良好的发展态势。

从销售渠道来看，近年来线上销售渠道占比维持80%左右。据统计，2016年中国图书零售市场总规模为701亿，其中线上渠道零售达365亿，线上市场份额首次超过线下实体零售。2017年–2021年，我国图书网络渠道销售码洋占比不断提升，最终稳定在80%左右。2021年网络渠道销售码洋为774.8亿元，同比增长1%，占比78.5%。实体店渠道2021年受主题出版图书带动，同比上升了4.09%，码洋规模为212亿元。网店渠道在前几年的快速发展中，凭借低折扣和方便快捷的购物体验，不断开拓新市场，让许多原本不购书或很少购书的人成为图书消费者。近年来，抖音、快手、小红书等更多平台成为图书销售新阵地。

少儿图书是图书出版品类中的重要组成部分，近年来成为零售市场中增长最快的细分品类。2021年第一季度少儿类图书码洋占比达27.93%，市场规模排名第一。从2016年开始，少儿图书码洋超过了社科类图书，成为零售市场码洋占比第一的品类。少儿市场目标读者明确，读者群体呈现流动状态，但读者规模相对稳定，同时受社会热点影响较小。

2021年我国成年国民包括书、报刊和数字出版物在内的各种媒介的综合阅读率为81.6%，较2020年的81.3%提升了0.3个百分点。2021年我国成年国民图书阅读率为59.7%，较2020年的59.5%增长了0.2个百分点；数字化阅读方式（网络在线阅读、手机阅读、电子阅读器阅读、Pad阅读等）的接触率为79.6%，占比为国民阅读率之首。

近年来图书行业的头部效应凸显，长尾品种增加，不仅体现在销量头部品种对市场码洋的贡献占比走高，同时还体现在畅销榜图书品种的固化。相关数据显示，2021年销量前1%的图书品种的码洋占比为59.7%，较2020年的58.6%提升1.1个百分点，而2017年该比例仅为51.8%。大众图书出版对于策划发行环节的能力要求逐渐提升，有望促进图书策划领域集中度上升。

（一）销售渠道变革，线上销售占据主导地位

渠道变革为图书出版行业带来诸多机遇与挑战。图书作为一种相对标准的商品，在线上销售能够更广泛触达用户的同时，也能够一定程度上降低实体书店的运营成本，因而在过去几年，线上渠道的销量持续走高。尤其是直播和短视频兴趣电商的崛起深刻影响

了用户的消费行为，越来越多的读者通过短视频内容发掘兴趣书籍。对于商家而言，面对用户消费习惯和渠道的转变，如何顺应时代发展的趋势，抓住新的增长机遇成为现阶段的一大挑战。

（二）阅读方式转变，数字阅读已具一定规模

阅读方式方面，互联网的发展改变了读者的阅读方式，由于存储量大、检索便捷、便于保存、传播迅速等优势，数字阅读备受青睐，电子阅读与有声阅读市场已具备相当规模。根据中国音像与数字出版协会发布的《2021年度中国数字阅读报告》显示，数字阅读市场整体营收规模达415.7亿元，同比增长18.23%；其中大众阅读市场规模302.5亿元、有声阅读市场规模85.5亿元、专业阅读市场规模27.7亿元；用户规模达5.06亿。其中44.63%为19岁至25岁用户，27.25%为18岁以下用户，年轻人成为数字阅读主力军。数字阅读将开启一个全新的阅读时代。对个人而言，书籍是不可或缺的精神食粮来源。书籍内容能与多样态的技术形式进行融合叠加，从而带给人们多感官、多时空、多体验的阅读氛围。新的阅读模式也将影响未来社会的文化形态、社交模式等。

第三节　图书发行市场理论

一、图书市场类型

（一）个人消费市场

图书的个人消费市场，是指以社会公众个人为销售服务对象的出版物市场。个人消费市场，具有购买者人数多且分布广、需求复杂且多变、购买数量小但频次高等特征。其中，零售商是服务出版物个人消费市场的主体。

（二）机构或团体消费市场

机构或团体市场，是指以机构或团体为销售服务对象的图书市场，学校、图书馆等机构或团体是构成这一市场的基本主体。具有购买者集中度高、购买量大、需求及购买规律性强等显著特征。

(三) 第三方销售市场

转卖者市场，是指那些通过购买图书商品以转售或出租给他人获取利润为目的的个人和组织。主要由图书批发商、零售商和图书出租者构成，是以个人消费市场和机构或团体市场为服务对象的。

二、图书市场需求的特征

图书市场需求是一种精神文化需求，它具有不同于一般物质商品市场需求的诸多特征。

(一) 不同群体的选择不同

图书市场的需求群体受年龄、性别、文化程度等不同，所以选择不同。按不同群体的需求，图书市场分为少儿图书、专业性图书、工具类图书，等等。

(二) 不同群体需求的层次性不同

消费者文化知识水平的不同，形成了对目标图书的内容、装帧形式等不同需求。如对于图书，有的需要平装本，有的需要精装本，有的需要珍藏本；有的需要图文本，有的需要纯文字本等。这些差异表现在出版物市场需求上,就呈现明显的层次性特征。

(三)延续阅读的弹性

人们对图书的需求是一种精神需求,不像生理需求那样具有必然性。所以,个人可支配收入,很大程度上影响图书的弹性。

(四)消费者阅读的潜在性

潜在性是指在某些条件下消费者会意识到其实际存在的阅读消费需求。如当人们生活中遇到某些难题的时候,往往习惯于求助他人,而不是去书店买本相关的图书来寻找答案。出版单位和发行商可以通过宣传促销活动以激发这种潜在的消费性,促使消费者觉醒进而实施其购买行为。

(五)不同地域文化的区域性

由于地理环境、区域文化与信仰等因素的影响,一定地域中的消费者在历史发展中形成了一些有别于其他地域消费者的生活习惯、文化传统、价值观念、风俗民情等特征。表现为区域性文化需求,即不同区域的消费者会对图书的品种、形式、内容有一些特殊要求。

(六)图书内容的时效性

1. 图书内容与时俱进的时效性。消费者对图书的需求，本质上是对图书中所含知识信息的需求。由于社会在不断发展进步，相关的知识信息也随之不断更新，消费者对图书内容的需求当然也会随时间的变化而变化。以社会热点、时政新闻等内容的图书，时效性就是图书的生命线。

2.与图书品种有关的时效性。不同品种的图书有不同的社会功能，而社会的风俗、人们的文化消费习惯会导致图书市场在一年中的某一时段产生对某一品种出版物的需求高潮。如中小学生的寒暑假教辅、儿童节前后的儿童读物。这就是与图书品种有关的时效性。

三、图书市场需求的影响因素

影响图书市场的因素很多，有主观的也有客观的。主观的主要是出版社的总体布局、选题策划、市场营销等；客观方面主要包括：政治、经济、人口、社会文化、科学技术、教育等。

（一）国家政治因素

政策对图书市场需求有着重要影响，一个相关政策的出台，会影响出版单位选题策划和出书结构。

出版单位要充分利用它的积极影响来扩大出版物流通量。

政治因素的影响主要表现在以下几个方面。

第一，国家关于出版的规定能间接地影响出版物市场的需求。如对某些种类的图书实行出版基金资助，能相对降低这些图书的成本，使出版社对这些图书的生产量增加。

第二，社会政治安定，人民生活富裕，对精神文化产品需求就会增加。我国改革开放以后，社会安定，教育发展，人民对文化知识读物的需求猛增，使图书市场得到突飞猛进的发展。

第三，各项政治活动或文化宣传活动的开展，能直接刺激相关图书市场需求。如围绕改革开放四十年、中国共产党成立100周年、中华人民共和国成立70周年等重大活动年，出版界策划出版了大批图书，从不同领域回顾改革开放、建党、建国的伟大成就。《中国改革开放全景录》《中国农村改革40年》《中国对外开40年》《改革开放40年的中国生态文明建设》《建党伟业》《百年庆典》等图书出版，掀起主题出版高潮。

（二）社会经济因素

经济因素对图书市场需求的影响主要表现在以下几个方面：

第一，社会经济的发展水平制约着全社会图书需求总量的增长。国家富裕了，居民可支配收入就高了，用于精神产品的支配增多，图书销售额随之增加。

第二，企业、事业单位和其他社会组织等各类单位的经济状况决定着图书市场的需求量大小。这些单位的经济状况好、有充裕的经费，对图书团购的需求就旺盛。

第三，个人实际收入状况直接影响图书个人消费市场的需求量。只有个人实际收入达到一定水平，可任意支配的部分有了增长，才有更多地消费精神产品的意愿，图书市场需求才有增长的可能。

（三）适龄阅读的人口因素

从人的观念来说，价格越低，市场需求越大；价格越高，市场需求就越小。

人口是影响出版物市场需求的最基本、最活跃的因素。一般来说，人口越多，对图书的总体需求量就越大。此外，人口的结构、素质和地理分布等特点，也影响到图书市场需求。

（四）社会文化因素

社会文化主要指社会风气、文化传统、生活习性，以及社会成员的文化水平、思想素质、道德水准等。一定的社会风气和文化传统、生活习性的形成，会影响消费者群体的需求倾向；社会成员知识文化水平如何，是影响图书市场的主要因素。

（五）先进的科学技术因素

科学技术因素对图书市场的影响主要有以下几个方面。

1.促进图书市场需求增长。随着日新月异的新技术新成果不断涌现，知识的获取日益成为人们的重要方面。为了不断提高素质，增长知识，人们会主动购买自己所需图书，图书市场因此而迅速扩大。同时，新技术在图书生产上的应用，使得图书的形式更加多样、美观，使用更加便利。新技术的应用，提高了图书生产效率，从而增加图书市场供给。

2.引起出版物市场结构变化。新技术引起经济结构的变化，与新兴行业和新兴产业相关的知识往往是人们最希望了解的热点。因此，有关新技术及其应用的图书在图书市场中所占比例会大幅增加，市场地位随之凸显，引起图书市场结构的变化。

3. 推动出版融合发展。科技新成果特别是互联网技术在出版业中的广泛应用，推动传统出版与新兴媒体不断融合，出版业态正在发生深刻的变化，读者的阅读习惯和阅读需求也发生了很大变化。如电子阅读器的发明使数字出版飞速发展；互联网的普及，使图书营销结构发生了天翻地覆般的变化。改变了人们阅读习惯和消费习惯，也改变了出版社的生产模式。

（六）国家重视教育发展程度

教育从两个方面影响出版物市场。

1. 教育规模的变化，会产生学生和教师用书市场需求量变化。教育模式与教学方式的改革与创新，产生对新教材编写与出版的需求增加。国家教育政策的改变，影响教育类图书市场。这是直接的影响。

2. 教育的发展提高了人们的科学文化素质，他们会对图书产生新的需求，从而在数量和结构上影响图书市场。这是间接的影响。

第四节 图书市场业务实务

编辑和发行,是图书业务的两个部分,但是息息相关。只有编辑质量好的图书,才会有巨大的市场,相反,所编辑的图书市场占有率高,又能为编辑积累更好的经验,出版更好质量的同类图书,从而增加市场竞争力。所以我们应该认识到一本图书生产的每个环节都是图书营销中不可分割的一部分。本着这个思路,这本书就不仅仅涉及促销与发行,它还涵盖了编辑、设计加工、客户服务、版权销售以及与作者合作等方面的内容。我认为,只要对扩大读者的认知和阅读有意义,那么图书出版中的任何细节问题都应被考虑到。在开始促销和发行图书之前，发行员必须先着手开展营销中所涉及的相关方面的大量工作。例如，决定你要出版什么（编辑）；将你的书进行包装（设计与生产）；确定谁是你的顾客以及你的书如何定位（营销计划）；估算成本与定价（财务）；将书印刷成册（产品）。这些都是图书成功营销的关键所在。

一、发行员的基础工作

（一）建立客户的名单列表

发行，最终可以归结为一件事：建立关系。换句话说就是：广交朋友。作为一名发行员，要去建立并培养与主要联系人的关系，诸如相关的媒体、发行网络、书店、图书俱乐部、书目服务中心、专业零售连锁以及其他主要的市场。出版与营销是人与人之间打交道。联系越广泛，朋友就越多，销售成功的机会也就越多。

建立联系的最佳方式之一是在一开始就创建一个包含关键媒体及各类图书营销联系人的名单列表。建立后，你就可以通过微信、传真、电话或电子邮件的方式与那些关键的联系人取得联系，至少要做到每月联系1-2次。可以推送图书目录、新闻发布稿，关于最新图书生产情况、销售情况、主要刊物上的评论文章以及作者情况、即将在书店上架的新书书单等。

（二）编制出版社重点书的营销计划

一个营销计划应该包括：所提供的书的概要及包装；呈现图书定价和定位；图书的受众或市场；进入市场的步骤；准备联系的关键人物名单；图书销售模式等。

（三）制定图书销售旺季时间表

大多数的消费者，会在某个节日期间对某种文化有想了解的冲动，发行员可以利用这个消费特点，早早准备。如：春节，在书店陈列关于"中国年"为内容的图书；元宵节，陈列关于猜谜语的图书；端午节，陈列关于端午节纪念屈原、赛龙舟等方面的内容的图书；还有中秋节、重阳节等，依此类推。这类书的展销，必须提前一两个月进行，有个预热期。在制定图书销售旺季时间表时，要给编辑提供市场信息，以便编辑在选题策划和出版时间上做到与发行人员发行计划一致。比如：夏季时，大众市场平装小说和旅游类图书销售量大。冬季时，是珍藏版图书的销售旺季。同时，也是青少年阅读类图书销售旺季。

二、做好市场调研工作

如果进入一个新市场，一定要尽可能地多了解它。问问题、做调查、读关于这个领域的行业和消费者杂志、参加展销会和展览活动、向零售商进行民意调研、与潜在读者一道进行市场测试。

在为图书开拓新市场的时候，发行员应该采取几个基本调研方向和步骤。不论你的售书对象是图书馆、批发商、书店，还是其他的零售商、目录服务机构、公司、个体书商或协会。

（一）个体书商

1.了解他们从哪儿进货？折扣是什么？主要销售哪类图书？他们去哪些网站寻找新的产品？他们如何发现新产品的动态？

2.他们经常从哪个批发商处订货？为什么？哪个销售代表给他们最好的服务？他们最信任哪些批发商或代理人？

3.他们注意到了哪些新动向？注意到消费者的新需求是什么？他们希望从供应商处得到什么样的营销帮助？

4.同时要从他们那里获得对图书书名、封面设计及内容的建议和意见。

(二)消费者

1.了解他们在何处购买图书？什么因素会影响他们的购买决定？他们如何发现关于新书的动态？他们阅读哪类图书？他们经常去哪些网站浏览？

2.他们对广告上的图书有何反应？他们希望通过什么样的方式拿到他们购买的图书。

(三)图书批发商

1.他们要求的折扣是多少？条件是什么？首期订单的平均数量是多少？他们如何发现新书的动态？他们参加哪类图书展销会？

2.他们使用网络搜索新的供应商吗？如果是这样，他们如何搜寻供应商？

3.他们为哪个图书市场服务？如何进入那些市场？他们出版图书目录吗？他们对图书的未来走向的看法是什么？等等。

(四)其他出版社的图书业务员

1.他们接触的是哪类图书领域？他们图书销售的折扣给批发商与零售商分别是多少？

2.他们对图书市场营销有什么新的想法？

3.寻求他们在市场推销方面的经验或共同合作，一起打造新的市场等。

（五）阅读图书行业报刊

1.关注图书市场的规模有多大？各类图书占图书市场的比例是多少？市场上产品是如何分销出去的？条款标准和折扣是多少？

2.关注哪家出版单位是批发商和零售商最喜欢的出版社，他们的图书出版总量和销售总量如何？注重哪类图书的出版。

3.关注图书市场的最佳营销时机是哪几个月？最佳的展销会有哪些？

通过阅读行业报刊，发行员能发现不同的图书是怎样在特定的市场上运作的，图书零售商在寻找什么，有什么新动向，怎样与零售商取得联系以及其他一些内部消息。同时，了解消费动向和消费潜力，尽早地抓住机遇。

因此，图书发行员们要时刻保持敏锐的嗅觉，发掘读者的需求，给编辑提供信息，跟上图书发展的新的趋势。

（六）加入图书行业或专业协会

加入与自己出版社出版主题相关的行业、或专业消费者协会,是图书发行员深入调研的一部分。大多数协会都出版行业杂志、业务通讯以帮助其会员及时了解业内新闻、人物、趋势和将要发生的事情。许多协会主办会员大会、商业展示会、研讨会或是其他的会议,他们会出版图书或报告(还推销其他出版商的图书)。另外还提供其他一些服务。这对发行员的市场调研和新书营销均有重要意义。

(七)参加展销会

我国图书市场的展销会分国家级的图书展销会、地方图书展销会和图书行业举办的图书展销会。每年有好多个展销会,尽可能地参加至少一个展销会。这里是完全融入图书市场的最佳场所。所有主要的业内人士都会参加(媒体、出版社、图书批发商、零售商、消费者)。发行员可以在这两到三天的展销会上进行广泛的联络并与业界同仁交流,会认识好多新朋友,将受益匪浅。从展销会上返回时,一定要建立联系方式,以防中断联系。

三、图书销售的规划

作为发行人员,首先要对本出版社的图书相当了

第三章　图书的市场营销

解。同时，对即将推出的新书也要了如指掌，这样才会详细而精准地规划图书的销售计划。如：哪些书可以尝试打造市场书；哪些书可以规划为长销书；哪些书可以规划为重点推出书；哪些书可以规划为专业书；哪些书可以规划为连续出版类图书等。这是市场部的根本性规划，也反映一个出版社的图书出版方向和未来发展重点，对出版社的出版决策具有举足轻重的作用。

（一）畅销书

畅销书是指在一个时代，或者说时间段，非常受欢迎的书。在书店管理中，畅销书是指销售频率极高，销售时间非常集中，销售量也非常大的图书。也是当代出版社所努力的目标。如何打造畅销书呢？我认为有以下几个方面。

1. 选择社会热点话题，选择知名度高的作者。

2. 在图书出版前，做足宣传工作，先预热。比如在有影响力的报刊上做广告；在主要电视节目中做宣传；在图书专业报刊上发表书评。有条件的可以在礼品盒上、T恤上、交通工具等上面做图书封面的广告。

3. 图书出版后，与主要媒体联系，开展新书发布会；在主要的图书网站上做新书推荐和销售。进入网上销售畅销图书排行榜前列。

4. 组织作者在图书大卖场巡回签名售书活动。实施消费者打折等活动。

5. 进入批发商采购图书排行榜，陈列于各新华书店及图书卖场的显著位置。保证图书连锁店都有存货。

（二）长销书

长销书是指年复一年都有一定销量的图书。长销书不像畅销书那样在短期内有大量的销量和回款，也没有畅销书那样对市场的短期影响力和对出版社的宣传力度。但是，长销书是大多数出版社的基石。长销书在一定阶段、特定的条件下也可能变为畅销书，所以出版社一定要眼光长远，做自己比较有优势资源的长销书。

（三）专业图书

在计划出版图书时，出版社对某一个领域或某一个专业有独特的出版优势，则会在此领域（专业）图书市场获得经济效益和社会效益俱佳的效果。

1. 做到专业化，会得到社会公众的认可，所出版的图书市场竞争力不大，属长销图书，且定价和销售折扣会比较高。给出版社带来丰厚的利润。

2. 消费人群比较固定，市场营销难度比较小，且回款周期比较短。

3. 对出版社品牌影响大，品牌效益好。

4. 专业化图书可以打包宣传，更容易吸引媒体关注和报道。

（四）系列图书

系列图书是专业化图书在同一题材下开发的连续读物。现在的许多少儿类出版社每年都出版20至30种不同系列的图书。优点有：

1. 每套图书分别包装，整体展示，容易被读者发现。销售带动力强。

2. 系列图书的连续阅读性，使图书自然地成为长销书，且选题策划难度减小。出版社品牌效益容易形成。

3. 系列图书在图书市场比较受欢迎，馆配商、批发商和零售商比较青睐系列图书的采购。

（五）品牌主打图书

主要指出版社每年打造的具有一定影响力的图书。包括主题出版图书、专业化图书、畅销类图书等。这类图书的出版，有几个特点：

1. 容易获图书奖项，增加出版社知名度。

2. 容易得到相关媒体的关注和报道。

3.图书展销会上做相关活动和宣传，提升出版社品牌。

4.有利于积累一些优质的作者资源及图书批发商和零售商客户。

四、图书销售策略

出版单位要根据自己的经营目标和资源条件，选择适当的目标市场，并确定自己在目标市场上的发展策略。

（一）图书品种策略

图书品种策略在图书市场营销战略中占有十分重要的地位，因为出版物市场营销活动是以满足消费者需求为中心的，而消费者需求的满足最终要通过出版物和与其相关的各种服务来实现。出版单位在制定营销战略时，首先要回答的问题是"用什么样的图书品种来满足目标消费者的需要"或者"该图书品种能在多大程度上满足消费者的需要"。

从图书市场营销的角度讲，图书的产品整体概念是指与图书相关的，包括内容、形式、相应服务等多种含义的概念体系。它包含图书本身、无形产品、附加品。在这三个方面上满足消费者的需求,吸引消费者购买相应的图书及附加品。

1. 图书本身是消费者购买的核心产品,能给消费者提供基本效用和利益。消费者购买图书首先就在于看中其的基本效用,能够在图书的消费中获得精神文化的享受和对知识需求的满足。

2. 无形产品是指依附于图书而存在的看不见但通过其他特殊工具以其他形式展现图书内容。比如图书本身附加的多媒体技术等。不同类型的图书都以满足消费者的精神文化需要为目的,但其表现形态可以有很大的差别。消费者购买图书的根本目的,是需要图书的基本效用及其可带来的利益,但在图书内容能满足基本用处之外,消费者还会考虑图书的其他特征。因此,不同的图书形式能够给消费者带来不同的满足。

3. 附加产品是指消费者因购买图书而得到的各种附加服务与利益,包括恪守信誉、送货上门、出版物退换、随带赠送的礼物等。

附加产品是图书有形产品和无形产品的延伸或附加,它能够给消费者带来出版物直接效用之外的更多的利益和更大的满足。

服务在现代市场经济中的作用日益重要。随着出版生产力的发展和出版技术的不断提高，不同的出版物品种在内容和形式上越来越接近，或者说各有特色、难分高低。出版物市场的竞争也就从出版物的内容和形式再延伸到服务上。为消费者和客户提供的服务能否不断创新与发展，已经成为决定出版单位竞争能力的重要因素。

（二）图书品牌策略

图书品牌就是商品的牌子。它的基本功能是把不同出版单位的出版物区别开来。品牌包括名称和标记两部分。比如我社的社标就是图书的标记，我社出版的《让有信仰的人讲信仰》系列丛书就是品牌的名称。

图书品牌策略一般可以分为图书项目品牌策略、图书品种品牌策略和图书作者品牌策略三类。

1. 图书项目品牌策略是指出版单位为自己所生产的某类图书多加上的一个统一、专用的文字名称或符号。它可以使该类图书与其他出版社出版的同类图书、自己出版的其他类别图书区别开来。如我社出版的少儿图书"亲子阅读系列图书"之《爱在成长系列图书》《红色经典阅读系列丛书》以及《追寻红色足迹丛书》等。

图书项目品牌策略就是利用一组或一系列风格相

同或相近的图书品种来传递出版社品牌信息，并进而树立出版社品牌。

2.品种品牌策略。品种品牌，是指图书不同品种在消费者心目中建立的品牌形象。任何一种图书都会有一个名称，有一个外在的形象，但只有在消费者心目中已经建立起品牌形象的品种，才具有品牌。如《红楼梦》《西游记》《辞海》《现代汉语词典》《茶花女》等。

图书品种品牌策略是所有其他品牌策略的基础。通过一系列图书不同品种在消费者心目中树立起品牌形象，把出版单位形象和图书形象传递给消费者，使这些形象转变为出版社品牌。

3.作者品牌策略是指在消费者心目中已经建立起品牌形象的作者本身。作者品牌的个性化特征更明显，它是一种风格、一种倾向、一种魅力。作者品牌是消费者选择购买图书的重要影响因素之一。一个有品牌价值的作者实际上培育着一个消费者群体。作者的品牌价值越大，其所培育的消费者群体也就越大。如我社出版的以作家品牌为代表的"三棵树""新三棵树"、西北文学作家等专有名称作家的作品集等。

作者品牌策略要求出版社与具有品牌价值潜力或

地域特点的作者保持密切联系，持续推出这些作者的作品，以打造并强化作者的品牌价值，从而实现社会效益和经济效益的双丰收，提高出版社的知名度。

（四）图书不同阶段的销售策略

图书生命周期，是指图书的市场流通时间，即图书从出版到图书市场销售由弱到强、从盛转衰，直到销售不动过程。

图书的生命周期由进入图书市场、销售增长期、销售饱和期和销售滞销期构成。发行部在图书销售的每个阶段都要运用不同的营销策略，以促进图书的销售。

1. 图书进入市场期营销策略。一部图书刚进入图书市场，要引起消费者的注意，激发消费者购买欲望，往往需要一定的时间。这一时期的出版物销售量不大，销售量增长缓慢，是关键性的时期。发行部这个时期要大力宣传，做各种活动，迅速扩大其影响力，以培育广泛的消费者群体，同时支持发行商进行现场促销，促使出版物迅速转入增长期。比如作者签字售书活动、举行图书论坛、参加图书展销会、参加网络新书排行榜等活动，扩大新书的知名度。

2. 图书销售增长期营销策略。图书销售增长期，是指图书逐步为消费者所接受,销量迅速增长的时期。这一时期是图书销售最重要的时期,它表现为持续不断的销售量增长。发行部要紧紧抓住成长期,不断扩大市场,吸引更多的消费者选购图书。利用各种销售渠道和销售模式,集中力量维持持续增长的时间长度。比如参加折扣活动、在报刊转载,如果有条件,可以在自媒体平台直播销售等。

3. 销售饱和期营销策略。销售饱和期是指图书经过较快的销售增长之后,销量已达顶点,市场需求逐渐趋向饱和的时期。在这段时期,大部分潜在消费者已经实施了购买行为,但仍会有一部分消费者加入购买队伍,销售趋势已出现转折,即由快速增长变成了零增长,甚至下降。在这个时期,发行部要细致观察市场,敏锐抓住政府采购、图书馆采购等项目,进一步达到销售目的。

图书在饱和期销售时期,滞销风险急增,退货损失逐步加大。因此,发行部要做好谨慎发货,做好陈销准备。

4. 图书滞销期营销策略。图书滞销期是指销量急剧下降,只有少数消费者购买甚至无人购买的时期。滞销期营销策略的核心是撤退,即把滞销图书从流通环节中撤离出来。发行部门要经常性地关注图书的发货周期,假如某一种图书在一个大大超过了平均发货周期的时间内仍然没有发生动销活动,这一图书就可认定为进入了滞销期。此时,要主动地结束这一图书的市场寿命。这个时期,联系大的批发商,低价销售,增加收益;如果数量不多,可以联系零售商,让其购回挂到旧书网销售。将残损的、不能继续销售的图书,打报告进行化浆处理,以提高库房利用率。

五、价格销售策略

价格策略是图书市场营销中非常重要并且独具特色的部分。图书能否在市场上站住脚并给出版社带来预期收益,定价因素起着重要作用。出版社在制定价格销售策略时,既要考虑成本问题,又要考虑消费者对价格能否接受,同时还要考虑同类书市场的价格情况。

(一)生产者收益定价策略

根据预期收益水平的不同,常用的收益定价策略有三种。

1. 高定价策略。是指将图书的价格定得较高,以便在较短的时间内就能获得最大利润。

这种定价策略是一种高价格策略,一般针对的是专业类图书。因为这类图书的受众是固定的,且经济收入水平比较高,不会因为图书的定价略高而放弃购买。

2. 低定价策略。是指将图书的价格定得较低,使消费者容易接受,以便快速打开市场。这种策略就是薄利多销。现在消费者的心理都是价格低了比较容易打动消费欲望,使出版社达到薄利多销的效果。

3. 成本利润比定价策略。是指将图书的价格定在图书成本与利润期望相适应的价格。这种定价策略是出版单位最常见的一种定价方式。

(二)消费者心理定价策略

消费者心理定价策略,是指根据消费者的购买心理而制定定价的策略。根据消费者不同心理特点,定价策略如下:

1. 整数定价策略。整数定价策略,是指将出版物的价格定成整数,不带零头。整数定价利于计算和找零,便于交易。

2. 尾数定价策略。是指将图书的价格用零头结尾,而不是整数。如把定价 30 元的图书定为 29.80 元。尾数定价的图书,以"8"为尾数的居多。

3.分级定价策略。分级定价策略,是给不同等级的图书定出不同的价格。这种策略能使消费者产生货真价实、按质论价的感觉,因而比较容易为消费者所接受。采用这种策略时,等级的划分和级差都应适中,否则就起不到应有的效果。比如一本书的平装本和精装本;或者普通本和典藏本等。

第五节 图书发行渠道和发行方法

图书发行渠道,是指图书在从出版社向消费者转移时所需经历的途径。图书只有从出版单位到了消费者手中,满足了消费者需求,才能最终实现其价值和使用价值。所以,发行渠道,对出版单位至关重要。

一、图书渠道选择

图书渠道选择,是指出版社对发行渠道的类型、长短、密度等渠道变量进行合理化的安排和组合,以有效实现图书销售目标。

(一)渠道类型选择

在发行图书时,出版单位首先

要对发行渠道的类型进行选择。包括选择实体店的线下销售还是选择电商平台的线上销售；或是线下与线上并重等多渠道的销售方式。

发行渠道类型的选择主要取决于图书的类型和消费者需求。如科普类图书、少儿类图书、教材教辅类图书等，多采用多元、高效的线上营销方式和线上线下互动营销的方式。专业类图书、政治类图书多采用线下的团购营销方式。

近年来，随着网络信息技术的发展和消费者消费习惯的改变，线上渠道已经成为部分出版物发行的主渠道。

（二）图书渠道的选择

在选择图书渠道时，出版单位要对发行渠道进行选择，包括直接销售还是间接分销；选择一个环节的中间商，还是选择多个环节的中间商。由出版社所出图书品种和类型决定。

对于不同的出版单位来讲，可以有不同的渠道组合；就同一个出版单位来讲，对于不同的图书，也可以有不同的渠道组合。如一些礼品书、大型工具书，可能更适合直接销售；大众化图书则更适合新华书店、批发商等中间商推广。出版单位可根据自己不同的图书，选择各不相同的多种发行渠道进行组合，科学合理地设计渠道，以最低的渠道成本发行出版物。

（三）图书渠道密度选择

高密度渠道可以在较短的时间内迅速地把出版物大量地推向市场；低密度渠道则可以有针对性地把出版物送达目标消费者。

1. 密集分销。是指出版单位尽可能通过更多的发行商为其推销出版物。

密集分销的特点，是可以迅速扩大市场覆盖率或快速进入和开辟一个新市场，使更广泛的消费者能随时随地买到本出版单位的图书。

密集分销的重点，是选择那些发行能力强、零售网点分布广、发行速度快的批发商，通过与他们的合作和推广，把出版物迅速地铺向市场，引起轰动，制造声势。

2. 代理商分销。是指出版单位在某一地区通过几个精心挑选的、最合适的发行商为其推销出版物。

代理商分销的特点，是可以集中在某一地区展开密集分销使图书迅速地、密集地覆盖整个地区，造成该地区的轰动效应，并进而向其他地区扩散。

代理商分销是出版社常用的渠道策略，与其将所有的资源用于在全国范围内推广出版物，不如把所有的资源用在一个地区推广出版物。这样往往能取得事半功倍的效果。

3. 独家代理分销。是指出版单位在某一地区仅通过一家发行商推销其出版的图书。

通常双方需要经过协商后签订独家经销合同，规定发行商不得同时经营第三方特别是竞争对手的图书。

独家代理分销的特点，是有利于充分发挥发行商的积极性，便于控制市场，保证出版物有效地进入市场。

对于专业类出版物，实行独家代理分销有一定优势，可以大大避免发行商因经营多个出版单位的图书而难于重点发行某一个出版单位的图书的现象。一般来讲，独家分销主要应用于批发环节。

二、网络营销及其特点

（一）网络销售

网络销售的根本目标是扩大市场占有率，其主要作用表现在以下三个方面。

1. 吸引消费者购买。将图书、附加服务项目、销售折扣等信息传递给网络目标公众,引起他们的注意,使消费者认识到所提供的图书及附加服务可能给他们带来的特殊利益,提醒他们及时把握追求利益的机会。

2. 实现企业销售目标。通过网络促销方式来吸引客户,扩大消费群体,可以有力地增强图书的广告效果,提高出版社知名度,使更多消费者购买图书,从而实现销售目标。

3. 获取市场需求信息。网络销售的互动性,可以广泛、便捷地获取准确的市场需求信息,如可以通过消费者的浏览动作、购买行为、信息反馈等方式收集和汇总消费者需求期望和消费者类型结构,可使出版发行部门能够及时调整图书的营销定位,以满足市场需要。

(二)网络销售的特点

网络销售具有与实体书店不同的优势特征,其特点主要表现为:

1. 图书展示无空间限制。虚拟的网络销售店面可以在不同的栏目和页面位置,以不同的表现形式,立体地陈列图书,不受空间的限制。

2. 形式灵活、多样。网络销售可以将多种促销方法组合，不会出现时间、空间及人员缺少等方面的制约，灵活多样的促销形式可以最大限度地满足销售需要。

3. 操作快捷。网络销售没有对图书实物的搬运、摆放、陈列等工作，只需根据销售方式对图书信息进行网页的陈列、宣传即可实现。

4. 图书调整比较方便。用图书信息代替实物陈列，使销售的图书调整简单，变换位置、替换图书都随时可以实现。

（三）网络销售的方法

图书网络销售的方法很多，按影响消费者购买行为因素的重要程度划分，主要有以下几方面的图书销售方法。

1. 展示商品信息。消费者在进行非数字化商品网络购买时，因为看不见所购商品的实物而产生购买障碍，影响网络购买的兴趣。而图书的特殊性是核心价值部分正好是完全可以数字化的，使得消费者对真正价值的了解成为可能。因此，全面展示图书的主要信息是网络销售的首要方法。目前，国内大型的网上图书销售商有卓越亚马逊、当当、京东书城等，他们利用信息技术的灵活性、多样化，全方位地充分展示图书内容和特征的信息,使消费者对图书有一个深入的了解,从而坚定了消费者的购买决心。

(1)基本信息。在不同的栏目和位置展示图书的基本信息,如封面、书名、作者、出版社、定价、出版时间、内容简介等,使消费者在短时间内了解图书大致内容。

(2)详细信息。市场部可以选择一部分重点图书,进行详细内容宣传。如内容提要、目录、作者简介、前言、后记等,甚至展示部分章节的内容图片画面,增加消费者对图书内容的感观认识,促进图书销售。

(3)图书评论区。可以在网页或专栏设置评论区,以消费者读书评论为主要宣传内容,以激起消费者的阅读欲望与购买兴趣。

2.开展折扣促销活动。销售价格是影响大部分消费者购买行为的重要因素之一,因此折扣让利形式也是图书销售的重要方法。图书降价销售的方法有:

(1)降价。直接让利给消费者。如打折销售、开辟特价区、举办优惠活动等。

(2)赠送礼金。向符合指定规则的消费者赠送电子礼券。如达到指定购物量或购买指定类别、版别等特定图书时,可用赠送的代金券。

（3）附赠礼品。向符合指定规则的消费者附赠礼品。

三、图书销售渠道的经营

渠道经营,是指出版单位必须不断地激励发行商,不断地对发行商的工作进行评估,并根据情况及时对渠道进行调整。渠道经营的内容主要包括渠道跟踪、渠道激励和渠道调整。

（一）销售渠道追踪

把图书发给发行商后,发行部必须随时跟踪渠道中图书的销售情况,随时掌握图书动销信息及渠道对图书销售的影响因素。

（二）销售渠道奖励

为了鼓励发行商的积极性,对渠道的发行商根据销售额的不同给予不同的发行折扣;向业绩优秀的发行商提供更优惠的发行承诺,给予返点奖励等。

发行部要定期对渠道成员的工作进行评估。一方面,评估结果可以作为奖励发行商的依据;另一方面,通过评估可以及时地发现问题,从而对营销策略进行调整。如果是渠道本身存在问题,则应果断地调整渠道。

（三）销售渠道调整

渠道的调整，包括对渠道类型的调整和对渠道中个别成员的调整。如根据市场销售情况动态调整线上与线下渠道的选择及比例，吸纳新的成员或者淘汰业绩欠佳的成员等。

（四）监控网络销售活动

要随时关注网络销售活动，分析消费者行为、出版物动销状态、出版物交易结构等。与传统销售不同的是，网络促销可以记录消费者的每一个行为，如浏览、注册、购买、重点关注等，因此，可以根据这些行为信息得到多维度、多层级的市场分析结果，随时调整图书展销结构和品种。可以针对某一网络表现特点加大促销力度。

四、图书销售的方法

图书促销的方法有图书发行人员促销和媒介促销两大类。

（一）图书发行员促销

图书发行员促销是通过发行人员直接与目标消费

者或发行商接触来推荐介绍和销售图书的促销方法。其具体方式有上门推销、展示推销、网点推销等。

1. 上门推销。上门推销是图书发行人员向特定的消费者个体当面推荐、销售出版物。这是一种传统的推销方式。发行员上门推销成本高，并且对推销人员的素质也有一定要求。所以，这种推销方式一般用于销售价格比较高的大型工具书、礼品书等。

2. 展示推销。展示推销是图书发行人员通过集中展示图书的形式向非特定的消费者或发行商推荐介绍、销售图书。集中展示图书的形式有书市、展销会、看样订货活动、图书交易洽谈会等。优点是发行人员介绍新出版的、重点出版的精品图书和畅销图书，消费者通过听介绍、翻阅选择购买最适合自己需求的图书；发行商也能够准确地确定订货数量，减少以后退货风险。

3. 网点推销。网点推销是图书发行人员定期主动向新华书店等网点提供新出图书的信息，通过他们向消费者宣传推荐，促进销售。

（二）媒介促销

媒介促销是出版单位通过各种媒介以间接方式向消费者、发行商宣传图书而达到销售的方法，其具体方式有广告促销、营业推广、网络促销等。

1.广告促销。广告促销是利用大众媒体发布广告，宣传介绍出版单位及其出版物的信息，以促进出版物销售。策划广告促销时，出版单位应该按照图书出版的不同时期的不同特点，选择确定具体的广告目标。图书广告的大众媒体主要有报纸、期刊、广播、电视、门户网站、自媒体等。另外，路旁广告牌、地铁站广告牌、公共汽车站牌、出租汽车车厢、书店宣传专柜等，甚至销售人员穿的马甲、戴的帽子、拎袋、小礼品等，也都可以做广告。也可利用微博、微信、自媒体短视频等多种手段发布图书内容及相关信息，拓展广告宣传的途径。

2.网络促销。网络促销是出版单位通过自建网站、门户网站、电商平台、移动客户端、自媒体平台等新兴媒体对出版物产品和品牌进行宣传，以促进消费者购买出版物的行为。网络促销具有信息量大、覆盖面广、持续成本低、呈现形式丰富、交互性强等特点，有利于出版单位采取更为主动的营销方式。出版物网络促销的主要方式有网络广告、免费试读、网上展示、在线书评、在线直播，以及网上销售等。

第六节　图书库房布置及方案管理

一、库房布置的原则

根据库房的总体要求,科学、合理地对两区(库区、生活区)、四场所(业务场所、辅助业务场所、办公场所以及生活场所)和其他设施进行具体布置,是充分发挥库房各部分功能,促进库房安全管理和业务发展的客观要求。总的来说,库房布置应按照"布局整齐、紧凑适用、节省用地、方便生产、便于管理"的原则进行。

第一,尽可能采用单层货架,这样做造价低,图书摆放方便,拿取也方便。

第二，采用高效率的搬运设备和操作流程。

第三，采用有效的存储计划，消除不恰当的图书摆放方式，最大限度地利用仓储空间。

第四，尽量利用仓库的高度，有效地利用仓库的容积。

二、库房布置的方法

（一）按业务流程布置

1. 收书区。在这个区域进行卸货等作业，采用装卸工人卸货或使用叉车等设备进行卸货作业。

2. 验书区。在这个区域进行核对图书数量、收货单据、检验图书质量以及到货验收的相关工作，是安排图书配出或入库前的暂存区域。

3. 储存区。在这个区域里储存图书。由于这是个静态区域，图书要在这个区域中有一定时间的放置，所以和不断进出的收货区相比较，这个区域所占的面积较大。

4. 配装区。在这个区域进行图书分装、包装、拼包等各种类型的流通加工。

5. 发货区。在这个区域将准备好的即将发出的图书装入外运车辆发出。发货区结构和收货区类似。

6. 退货区。在这个区域接受客户退货，并完成退货分拣后的处理。

（二）存储区按图书属性分类布置

储存区可以按图书的属性分类，对每一类图书划定一个储存保管区域。例如，可以划分为一般图书、中小学教材、音像制品及其他区域。一般图书又可以按图书的类别布置，如社会科学类图书、自然科学类图书、文艺类图书、计算机类图书、少儿类图书等。按出版物属性分类分区的方法有利于针对某类出版物的特性，采取相应的保管措施，便于对这类商品进行集中统一管理。

（三）库区布局

对总体布局中划分出的各区域的使用进行详细的设计，包括存货区、周转区、通道区、设备运作区等作业面的分区和各区所占的位置、比例、空间等。

储存区主要由保管区和非保管区两大部分组成。储存区是主要用于存放库存出版物的区域，非保管区主要包括各种装卸设备通道、收货区、验货区、配装区、待发区、发货区、加工区、退货区等。现代仓库已由传统的储备型仓库转变为以收发作业为主的流通型仓库，其组成部分的构成比例通常为：通道占总面积的 8%~12%；储存区占总面积的 40%~50%；发货区占总面积的 10%~15%；退货区占总面积的 5%~10%；其他区域占总面积的 20%~30%。

三、库房布置的目标

（一）保证库房安全

库房安全是首要的原则，其中包括防火、防洪、防盗、防爆等。总体布局必须符合安全部门规定的要求。

（二）效率化

库房布置的主要目的是实现高效率的仓库管理和仓库作业高效率地进行。实现图书收发速度的提高，便于整体管理。

（三）充分利用场地

要根据库房的场地特性、条件，针对图书类型，合理地进行规划，使库房的每一个空间都可以得到充分利用。流通量大的新书的货位，放在便捷拿取的位置；动销比较慢的图书货位，安排在长期存储区域。作业路线合理规划，不仅要实现作业的快捷，还要使作业线路最短，最少地占用库房面积，提高利用空间。

参考文献

1. 李海崑，刘光裕. 现代编辑学，济南：山东教育出版社，1996.

2. 韩建民，熊小明，王卉. 新时代主题出版发展的思考. 出版广角，2019.

3. 吉少甫. 中国出版简史. 上海：学林出版社，1991

4. 来新夏，等。中国近代图书事业史. 上海：上海人民出版社，2000.

5. 雷群明. 编辑应用写作. 沈阳：辽海出版社，2003

6. 李明德，许超. 著作权法. 北京：法律出版社，2003

7. 李普涛，杨东升. 音像编辑的理论与实践. 开封：河南大学.

8. 邱陵. 书籍装帧艺术史. 重庆：重庆出版社，

1990.

9.谈维主编.校对业务教程.沈阳：辽海出版社，2000.

10刘拥军.现代图书营销学[M].苏州：苏州大学出版社，2003.

11.褚福灵.网络营销基础[M].北京：机械工业出版社，2003.

12.国家新闻出版署出版专业资格考试办公室编.出版专业基础.北京：商务印书馆：2020.

附录一

一、常见人名错别字（括号内为错别字）

毕昇（升） 蔡子（子）民 蔡廷锴（楷）

崇祯（桢）帝 褚（诸）遂良 从（丛）维熙

陈抟（搏） 貂蝉（婵） 丁谓（渭）

范缜（稹） 范雎（睢） 方孝孺（儒）

冯延巳（己） 韩复榘（渠） 韩侂（伲）胄

和珅（坤） 华佗（陀） 嵇（稽）康

荆轲（柯） 老聃（耽） 毐（毒）

雷锋（峰） 嫘（螺）祖 梁廷枏（柟）

梁漱溟（冥） 梁章钜（巨） 廖仲恺（凯）

林风（枫）眠 林纾（抒） 凌濛（蒙）初

刘瑾（谨） 刘知幾（己） 茅（矛）盾

蒙恬（括） 祢（弥）衡 倪（儿）宽

欧阳询（洵） 齐己（巳） 齐桓（恒）公

— 200 —

阮籍（藉）　石敬瑭（塘）　苏洵（询）

拓跋珪（拔圭）　车天王祯（帧）

王之涣（焕）　韦驮（陀）　吴大澂（澄）

吴道子（之）　吴趼（研）人　冼（洗）星海

夏丏（丐）尊　谢枋（访）得　谢朓（眺）

谢肇淛（制）　徐继畬（畲）　徐乾（干）学

徐渭（谓）　玄奘（藏）　荀彧（或）

奕䜣（诉）　胤禛（祯）　嬴（赢）政

颍（颖）考叔　庾（庚）信　臧（藏）克家

张择（泽）端　张拭（试）　张君劢（励）

竺可桢（珍）　主父偃（郾）

二、常见地名错别字（括号内为错别字）

安徽灵璧（壁）　安徽亳（毫）州

安徽黟（黬）县　安徽颍（颖）上

卢（芦）沟桥　重庆北碚（涪）

重庆璧（壁）山　重庆涪（培）陵

重庆綦（基）江　福建闽侯（候）

福建莆（蒲）田　广州黄埔（浦）

河北井陉（径）　河北栾（滦）城

河南临颍（颕）　　河南渑（绳）池

河南淅（浙）川　　河南颍（颖）川

河南柘（拓）城　　湖北黄冈（岗）

湖北黄陂（坡）　　湖南郴（彬）州

湖南耒（来）阳　　湖南汨（泪）罗

湖南株洲（州）　　吉林珲（辉）春

吉林图们（门）江　江苏甪（角）直

江苏睢（雎）宁　　江西井冈（岗）山

江西上栗（粟）　　江西婺（鹜）源

江西弋（戈）阳　　内蒙古满洲（州）里

山东菏（荷）泽　　山东兖（衮）州

山东临朐（驹）　　山东茌（荏）平

陕西蓝（兰）田　　陕西岐（歧）山

上海黄浦（埔）江　四川泸（庐）州

四川荥（荣）经　　四川犍（健）为

天津宝坻（抵）　　新疆哈密（蜜）

三、常见错别字（括号内为错别字）

A

唉（哀）声叹气　暮霭（蔼）　和蔼（霭）

艾（爱）滋病　硝铵（胺）　黯（暗）然

遨（翱）游　嗷嗷（敖敖）待哺　翱（遨）翔

独占鳌（螯）头　桀骜（傲）不驯

B

酒吧（巴）　飞扬跋（拔）扈　稗（裨）官野史

甘拜（败）下风　长坂（板）坡

坂（板）上走丸　沙家浜（滨）　英镑（磅）

暴（爆）发户　山洪暴（爆）发

自暴（抱）自弃　暴（爆）乱　火山爆（暴）发

爆（暴）发战争　信心倍（备）增

关怀备（倍）至　英雄辈（倍）出　裨（俾）益

筚（毕）路蓝缕　惩前毖（毙）后　束手待毙（毖）

民生凋敝（蔽）　奴颜婢（卑）膝

金碧（璧）辉煌　白璧（壁）微瑕

原物璧（必）还　针砭（贬）辨（辩）析

思辨（辩）　辩（辨）证唯物主义

辨（辩）证施治　治标（表）不治本

彪（标）炳千古　膘（骠）肥体壮

分道扬镳（镖）　濒（频）临　屏（摒）气凝神

淡泊（薄）名利　舶（泊）来品　脉搏（博）

博（搏）弈　赌博（赙）　部（布）署

按部（步）就班　三部（步）曲　练习簿（薄）

C

别出心裁（才）　兴高采（彩）烈　精彩（采）

璀璨（灿）　苍（沧）茫大海　沧（苍）海桑田

检察（查）院　岔（叉）路口　河汊（岔）

一刹（霎）那　谗（馋）言　婵（蝉）娟

长（常）年累月　万古长（常）青　如愿以偿（尝）

清澈（沏）　老成（陈）持重　嗤（斥）之以鼻

松弛（驰）　纲纪废弛（驰）　人所不齿（耻）

冲（充）账　充（冲）耳不闻　忧心忡忡（冲冲）

一筹（愁）莫展　悲楚（怆）　相形见绌（拙）

川（穿）流不息　串（窜）门　吹毛求疵（刺）

精粹（萃）　催（摧）化剂　厝（措）火积薪

D

百战不殆（贻）　责无旁贷（代）　爱戴（带）

穿戴（带）　拥戴（带）　戴（带）罪立功

虎视眈眈（耽耽）　担（耽）心

彰善瘅（惮）恶　殚（惮）精竭虑

独当（挡）一面　大排档（挡）　挂挡（档）

工资档（挡）位　嘚（得）瑟　黄澄澄（橙橙）

马镫（蹬）　真谛（缔）掂（惦）量

附　录

踮（掂）脚　玷（沾）污　重叠（迭）

间谍（牒）　通牒（谍）　大名鼎鼎（顶顶）

装订（钉）　度（渡）假村　渡（度）过难关

E

偶尔（而）　噩（恶）耗　浑浑噩噩（恶恶）

F

要言不烦（繁）　拨乱反（返）正

举一反（返）三　妨（防）碍　冷不防（妨）

流言蜚（非）语　成绩斐（蜚）然

凑份（分）子　过分（份）　名分（份）

水分（份）　分（份）内　辈分（份）

年份（分）　省份（分）

奋（愤）笔疾（急）书　认罪服（伏）法

辐（幅）射　釜（斧）底抽薪

一副（幅）对联　天翻地覆（复）

重蹈覆（复）辙

G

言简意赅（骇）　气概（慨）　百尺竿（杆）头

麦秆（杆）　竹竿（杆）　宵衣旰（干）食

骨鲠（梗）在喉　鬼斧神工（功）　悬梁刺股（骨）

蛊（鼓）惑人心　一鼓（股）作气　粗犷（旷）

- 205 -

诡（鬼）计多端　走上正轨（规）　坩埚（锅）

食不果（裹）腹

H

惊骇（赅）　震撼（憾）　引吭（亢）高歌

凑合（和）　貌合（和）神离　亲和（合）力

和(合)盘托出　和(合)衷共济　随声附和(合)

声音洪（宏）亮　哄（轰）堂大笑

霓虹（红）灯　判若鸿（洪）沟　内讧（哄）

候（侯）车室　倏忽（乎）　怙（沽）恶不悛

老奸巨猾（滑）　惨绝人寰（圜）

变幻（换）莫测　精神涣（焕）散

焕（涣）然一新　病入膏肓（盲）

兵荒（慌）马乱　皇皇（煌煌）巨著

不遑（惶）顾及　幌（晃）子　诙（恢）谐

融会（汇）贯通　彗（慧）星

诲（秽）淫诲（秽）盗　插科打诨（浑）

浑（浑）号　处心积（集）虑　跻（挤）身

负笈（籍）从师　迫不及（急）待

岌岌（及及）可危　亟（急）待解决

大声疾（急）呼　急（激）流勇退

人才济济（挤挤）　一年之计（季）在于春

伎（技）俩　模范事迹（绩）　既（继）往不咎（究）

一如既（继）往　焚膏继（既）晷

汗流浃（夹）背　沦肌浃（夹）髓

嘉（佳）言懿行　戛（嘎）然而止

不假（加）思索　历尽艰（坚）辛

草菅（管）人命　披沙拣（捡）金

精兵简（减）政　关键（健）　缰（僵）绳

裤脚（角）　挖墙脚（角）　矫（娇）揉造作

直截（接）了当　城乡接（结）合部

盘根错节（结）　乡土情结（节）

一诺千金（斤）　弱不禁（经）风

噤（禁）若寒蝉　陷阱（井）　耳根清净（静）

不胫（径）而走　竟（竞）然　腈（睛）纶

迥（炯）然　雄赳赳（纠纠）　鸠（鸽）形鹄面

雎（睢）鸠　家具（俱）　永诀（决）

抉（决）择　严峻（竣）　疏浚（峻）

竣（峻）工

K

不刊（堪）之论　戡（堪）乱　堪（勘）舆

勘（堪）探　不落窠（巢）臼　抠（扣）字眼

脍（烩）炙人口　喟（谓）然长叹　寥廓（阔）

打蜡（腊）　蜡（腊）染　死皮赖（癞）脸
蓝（兰）天白云　无耻谰（滥）言　波澜（斓）
陈词滥（烂）调　书声琅琅（朗朗）
朗朗（琅琅）上口　壁垒（磊）　累（垒）卵
鞭辟入里（理）　自力（立）更生
同等学力（历）　三国鼎立（力）
变本加厉（利）　铺张扬厉（利）
再接再厉（励）　励（厉）精图治
披肝沥（厉）胆　伶牙俐（利）齿
不寒而栗（立）　娘俩（两）　蝉联（连）
黄连（莲）素　链（连）霉素　百炼（练）成钢
千锤百炼（练）　高粱（梁）秆（杆）
黄粱（梁）美梦　老两（俩）口　寂寥（廖）
寥寥（廖廖）无几　瞭（了）望
一鳞（麟）半爪　鳞（麟）次栉比
孤零零（伶伶）　棉铃（蛉）虫
流（留）芳百世　水龙（笼）头　水陆（路）空
勠（戮）力同心　杀戮（勠）　膂（旅）力过人
痉挛（孪）　孪（挛）生　浮光掠（略）影
攻城略（掠）地　美轮（仑）美奂　啰（罗）唆
螺（罗）丝钉

M

蛛丝马（蚂）迹　轻歌曼（慢）舞

不毛（茅）之地　贸（冒）然　愤懑（闷）不平

睡眼蒙眬（朦胧）　蒙蒙（濛濛）细雨

笑眯眯（咪咪）　弥（迷）天大谎

迷（谜）宫　谜（迷）团　靡靡（糜糜）之音

所向披靡（糜）　奢靡（糜）　萎靡（糜）不振

羁縻（靡）　秘（密）而不宣　祖传秘（密）方

哈密（蜜）瓜　绵（棉）里藏针　沉湎（缅）

虚无缥缈（渺）　不可名（明）状

不名（明）一文　名（明）片　明（名）信片

明（名）哲保身　冥（瞑）思苦想

瞑（冥）目　观摩（摹）　摩（磨）肩接踵

摩（磨）崖石刻　蓦（募）然

墨（默）守成（陈）规　牟（谋）取暴利

大拇（母）指

N

百衲（纳）衣　木讷（纳）　唯唯诺诺（喏喏）

殴（欧）打　呕（沤）心沥血　怄（呕）气

P

涅槃（磐）　如法炮（泡）制　赔（陪）礼道歉

凤冠霞帔（披） 佩（配）带 凉棚（蓬）

敞篷（蓬）车 蓬荜（筚）生辉 癖（僻）好

偏僻（辟） 剽（骠）悍 平（凭）添

平（凭）心而论 红扑扑（朴朴）

风尘仆仆（扑扑）

Q

岐（歧）山 分歧（岐） 出其（奇）不意

出奇（其）制（致）胜 起讫（迄）

迄（讫）今为止 修葺（茸） 大器（气）晚成

博识洽（恰）闻 斩将搴（骞）旗

粮食歉（欠）收 卑怯（却） 沁（浸）人心脾

青（亲）睐 年轻（青）力壮 青（清）山绿水

山清（青）水秀 俄顷（倾） 告罄（磬）

罄（磬）竹难书 茕茕（穷穷）孑立

遒（虬）劲 委曲（屈）求全 先驱（躯）

入场券（卷） 阕（阙）词 声名鹊（雀）起

鹊（雀）巢鸠占

R

发轫（韧） 水乳交融（溶） 矫揉（糅）造作

杂糅（揉） 含辛茹（如）苦 孺（儒）子可教

繁文缛（褥）节 偌（喏）大年纪

皮肤瘙（搔）痒　礼尚（上）往来

少（稍）安毋（勿）躁　煽（扇）风点火

引申（伸）义　莘莘（辛辛）学子

威慑（摄）　终身（生）大事　奋斗终生（身）

终身（生）受益　谈笑风生（声）

严正声（申）明　舍生（身）取义

旅游胜（圣）地　长盛（胜）不衰

革命圣（胜）地　绅士（仕）　人情世（事）故

布政使（史）　招工启事（示）

拒谏饰（是）非　各行其是（事）　共商国是（事）

惹是（事）生非　无所适（是）从

有恃（持）无恐　额手（首）称庆

首（手）屈一指　金银首（手）饰

毁家纾（抒）难　表率（帅）　消火栓（拴）

众口铄（烁）金　精神矍铄（烁）　追溯（朔）

厮（撕）杀　雾凇（淞）　毛骨悚（耸）然

诵（颂）读　麻酥酥（稣稣）　鬼鬼祟祟（崇崇）

作祟（崇）　泥沙（砂）俱下　霎（刹）时间

纷至沓（踏）来　杂沓（踏）　鞭挞（鞑）

蒜薹（苔）　偏袒（坦）　活性炭（碳）

煤炭（碳）　碳（炭）元素　蹚（趟）水过河

一摊（滩）泥　其乐陶陶（淘淘）　誊（誉）写
提（题）纲　前提（题）　金榜题（提）名
暴殄（珍）天物　妥帖（贴）　字帖（贴）
铤（挺）而走险　走投（头）无路
抟（搏）土造人　推脱（托）责任　驮（驭）背

W

枉（妄）费　高品位（味）　任人唯（为）贤
瓮（翁）声瓮（翁）气　诬（污）告
焐（捂）热　趋之若鹜（鶩）　好高骛（鶩）远
心无旁骛（鶩）

X

白皙（晰）　笑嘻嘻（嬉嬉）　文恬武嬉（嘻）
迁徙（徒）　畏葸（崽）不前　目不暇（瑕）接
洁白无瑕（暇）　袄（祆）教　船舷（弦）
科头跣（洗）足　图穷匕见（现）　安详（祥）
祥（详）和　照相（像）　真相（象）
录像（象）　肖像（象）　显像（象）管
销（消）声匿迹　九霄（宵）　元宵（霄）节
协（谐）奏曲　威胁（协）　白头偕（携）老
扶老携（偕）幼　发泄（泻）　沉瀣（泄）一气
羊蝎（羯）子　别出心（新）裁

原形（型）毕露　气势汹汹（凶凶）

锦绣（秀）河山　麦锈（绣）病

戊戌（戍）变法　气喘吁吁（嘘嘘）

栩栩（诩诩）如生　宣（渲）泄　寒暄（喧）

旋（弦）律　烜（炫）赫一时　令人目眩（炫）

渲（喧）染　寻（循）章摘句　徇（循）私

Y

湮（淹）没无闻　察言（颜）观色　蜿蜒（延）

奄奄（淹淹）一息　偃（掩）旗息鼓　梦魇（餍）

赝（膺）品　病殃（殃）子　弃甲曳（拽）兵

谒（竭）见　集腋（掖）成裘　圯（圮）上老人

甘之如饴（怡）　贻（殆）误战机

贻（遗）笑大方　不能自已（己）

倚（以）老卖老　断章取义（意）

苦心孤诣（旨）　神采奕奕（弈弈）

弈（奕）棋　肄（肆）业　绿草如茵（荫）

荧（萤）光　荧（萤）屏　心心相印（映）

蜂拥（涌）　壅（拥）塞　雍（壅）容（荣）华贵

优（悠）哉游哉　生死攸（悠）关

幽（忧）怨　优（忧）柔寡断　犹（尤）如

过犹（尤）不及　囿（宥）于成见

滥竽（芋）充数　竭泽而渔（鱼）

鱼（渔）肉百姓　向隅（偶）而泣

生杀予（与）夺　寓（喻）意

鬼蜮（域）伎俩　钟灵毓（玉）秀　原（缘）委

世外桃源（园）　源远（渊源）流长

芸芸（云云）众生

Z

赃（脏）款　干燥（躁）　暴躁（燥）

以身作则（责）　饱蘸（醮）笔墨　改弦更张（章）

明火执仗（杖）　账（帐）号　层峦叠嶂（障）

动辄（则）得咎　缜（慎）密　蛰（蜇）伏

蛰（蜇）居　装帧（祯）　雷阵（震）雨

饮鸩（鸠）止渴　振（震）聋发聩　震（振）撼

坐镇（阵）　旁征（证）博引　仗义执（直）言

脚指（趾）甲　脚指（趾）头　脚趾（指）

树脂（酯）　卷帙（秩）浩繁　炙（灸）手可热

学以致（至）用　鳞次栉（节）比　闲情逸致（志）

钟（衷）爱　神舟（州）五号　九州（洲）

文绉绉（诌诌）　株（诛）连　锱铢（珠）必较

高瞻远瞩（嘱　）机杼（抒）　伫（贮）立

一炷（柱）香　化妆（装）品　摇摇欲坠（堕）

真知灼（卓）见 远见卓（灼）识 床笫（第）
恣（姿）意 诅（咀）咒 编纂（篡）
坐（座）落 坐（做）月子 坐（座）标

附录二

校对符号及其用法

一、字符的改动

编号	符号形态	符号作用	符号在文中和页边用法示例	说明
1		改正	提高出版物质量。 改革开放	改正的字符较多，圈起来有困难时，可用线在页边画出需改正的范围；必须更换的损、坏、污字也用改正符号画出
2		删除	提高出版物的图质量。	
3		增补	要搞好校工作。	增补的字符较多，圈起来有困难时，可用线在页边画出需增补的范围
4		改正上下角	$16=4^0$ H_2SO_4 尼古拉Q 费欣 $0.25+0.25=0.5$ 举例Q $2×3=6$ XQY=1:2.	

- 216 -

续表

编号	符号形态	符号作用	符号在文中和页边用法示例	说　明
			二、字符方向位置的移动	
5		转　正	字符颠倒要转正。	
6		对　调	认真经验总结。 认真验结经总。	用于相邻的字词 用于隔开的字词
7		接　排	要重视校对工作， 提高出版物质量。	
8		另起段	完成了任务。明年……	

- 217 -

续表

编号	符号形态	符号作用	符号在文中和页边用法示例	说明
9		转移		用于行间附近的转移 用于相邻行首末衔接字符的转移 用于相邻页首末衔接行段的转移
10	或	上下移		序号	名称	数量 | | --- | --- | --- | | 01 | 显微镜 | 2 |	字符上移到缺口左右水平线处 字符下移到箭头所指的短线处

- 218 -

续表

编号	符号形态	符号作用	符号在文中和页边用法示例	说明
11	↕ 或 ⊔⊓	左右移	←— 要重视校对工作,提高出版物质量。 $\frac{3\ 4\ 5\ 6}{欢呼}$ 5 唱	字符左移到箭头所指的短线处 字符左移到缺口上下垂直线处 符号画得太小时,要在页边重标
12	= =	排齐	校对工作非常重要。必须提高印刷质量,缩短印刷周期。 国家标准	
13	⌐_⌐_	排阶梯形	RH₂	

- 219 -

续表

编号	符号形态	符号作用	符号在文中和页边用法示例	说　明
14	↑	正　图		符号横线表示水平位置，竖线表示垂直位置。箭头表示上方
15	∨	加大空距	∨∨∨ / ∨	表示在一定范围内适当加大空距 横式文字画在字头和行头之间

三、字符间空距的改动

附 录

续表

编号	符号形态	符号作用	符号在文中和页边用法示例	说　明
16	︿ ﹀	减小空距	二、校对程︿序 校对胶印读物、影印﹀书刊的注意事项：	表示不空或在一定范围内适当减小空距 横式文字画在字头和行头之间
17	# ╪ ╪ ╪	空 1 字距 空 1/2 字距 空 1/3 字距 空 1/4 字距	第一章#校对职责和方法 1. 责任校对	多个空距相同的，可用引线连出，只标示一个符号
18	Y	分开	GoodYmorning	用于外文

- 221 -

续表

四、其他

编号	符号形态	符号作用	符号在文中和页边用法示例	说　明
19	△	保留	认真搞好校对工作。	除在原删除的字符下画△外，并在原删除符号上画两竖线
20	○=	代替	蓝色的程度不同，从淡色到深色具有多种层次，如天蓝色、海色、宝色…… ○=蓝	同页内有两个或多个相同的字符需要改正的，可用符号代替，并在页边注明

- 222 -

线圈的感抗为 $X_L = \sqrt{Z^2 - R^2} = \sqrt{10^2 - 6^2} = 8\ \Omega$

故线圈的电感为

$$L = \frac{X_L}{2\pi f} = \frac{8}{2\pi \times 50} = 0.025\ \text{H} = 25\ \text{mH}$$

第七节 电容电路

电容器接在直流电源上，电路呈断路状态。若把它接在交流电源上，情况就不一样。电容器极板上的电荷与两端电压的关系为 $q = c u_c$。当电压 u_c 升高时，极板上

附录资料来源：《图书编辑校对实用手册》。

后记

　　时光如梭,转眼间在出版单位我已工作十余年了。这十余年中,我三分之二的时间在编辑岗位,三分之一的时间在发行岗位。对出版活动,积累了些许经验,也有些许感悟,想与大家分享。几次执笔,都因各种原因中断。步入不惑之年,实实在在地读些书、写点东西的想法日趋急迫,最后定下心来,无论如何,要把这个想法落到实处。

　　编辑工作,常说是为别人做嫁衣裳的,但若能"做"得漂亮,也一样可以获得成就感。编辑的历史源远流长,伴随着中国几千年的文化发展而发展。自古以来的许多大文豪,都或多或少地做过编辑工作,只是他们的著作名声在外,掩盖了他们的编辑工作。孔子言"吾犹及史之阙文也",郑玄说"但念述先圣之元意,

后　记

思整百家之不齐"，张载言"为天地立心，为生民立命，为往圣继绝学，为万世开太平"，俱是就文化传承而发的宏论。

今天，我们站在巨人的肩膀上传承编辑业务工作，续写历史使命，我们当谨小慎微、如履薄冰，真实地纪录历史年轮，以继贤者的遗愿。拙作《编余论道：一名图书编辑的实践感悟》从编辑的素养与时代使命、图书编辑业务、图书的市场营销三个方面略述图书的出版活动。在图书编辑业务章节，重点就编辑业务的实务及个人的一些经验与大家做一些交流；图书市场营销章节，主要就近年来的图书市场变化和网络营销及出版界面临的问题与大家探讨。若言之有理，以求共勉；言之不妥，则将改之。

本书之成书，得到多位好友帮助。书名几易其名，最后这个名字是挚友王佐红君所提，甚合我意。再次表示感谢！同时感谢赵亮编辑对本书所做的工作。由于本人学疏才浅，有不到之处，还请方家批评指正。

2022 年 12 月